Berliner Konsortium

Timo Rieg
Demokratie für Deutschland
Von unwählbaren Parteien und einer echten Alternative

Verlag Berliner Konsortium
ISBN 978-3-938081-81-5
Auch als eBook ISBN 978-3-938081-83-9

(c) 2013 Berliner Konsortium
www.Berliner-Konsortium.de
Das Buch einschließlich aller seiner Teile ist urheberrecht-
lich geschützt.
Gesetzt aus der Quadraat
Umschlag: biblioviel, Bochum
Druck und Bindung: GGP Media GmbH, Pößneck
Printed in Germany
1. Auflage 08/13
ISBN 978-3-938081-81-5

Timo Rieg

DEMOKRATIE
für
DEUTSCHLAND

Von unwählbaren
Parteien und einer
echten Alternative

Berliner Konsortium

Inhalt

1. Aufgeblähte Knallköpfe - Ein Aperitif   7

2. Adam und Eva in der Politik   26

3. Wozu Demokratie?   34

4. Was grundsätzlich zu regeln ist   46

5. Defizite unserer „parlamentarischen
   Demokratie"   56

6. Lobbyismus   93

7. Gängige Reformüberlegungen   102

8. Aleatorische Demokratie   126

9. Demokratie im 21. Jahrhundert -
   Ein konkreter Reformvorschlag   143

10. Detailfragen zum Reformvorschlag   162

11. Was wird dann aus den Parteien?   202

12. Ausblick auf ein besseres Land   209

13. Einwände gegen die Demokratisierung   218

14. Chancen einer
   „Demokratie für Deutschland"   228

Anmerkungen   234

Zitierte Literatur   249

Kapitel 1

AUFGEBLÄHTE KNALLKÖPFE
- EIN APERITIF

Politiker sind Loser und Dünnbrettbohrer, aufgeblähte Knallköpfe und kleinkarierte Schwätzer, Lügner und Witzbolde, beleidigte Leberwurst, Schnecke und Märchenfee. Sie sind arrogante Schnösel, überheblich und primitiv. Politiker können nicht lesen, haben ein Brett vorm Kopf, suhlen sich im Dreck und würden ohnehin besser im Bett bleiben. Diese Einschätzungen sind recht konstant von Beginn der Bundesrepublik an, und sie sind amtlich, nachzulesen in den Plenarprotokollen*) des Deutschen Bundestags. Loser, Knallkopf, Schwätzer, was der brave Bürger gar nicht zu denken wagt, knallen sich Politiker täglich gegenseitig an den Kopf. Und wem sollten wir mehr intime Kenntnis der Intelligenz und Sozialkompetenz von Politikern zutrauen als Politikern? In jeder Debatte halten sie sich gegenseitig für unfähig, was liegt da näher, als ihnen irgendwann einmal zu glauben - ihnen allen? Zumal die genannten Einschätzungen gar nicht pauschal nur dem politischen Gegner gelten, sondern auch Parteifreunden, die einen Gedanken außerhalb des vorgeschriebenen Dienstweges in die Öffentlichkeit entlassen. Mit den „Losern", von denen er sich nichts sagen lasse, meinte Horst Seehofer jüngst die baden-württembergischen Unions-Kollegen Thomas Strobl (Vorsitzender) und Peter Hauck (Fraktionsvorsitzender), als in Bayern mal wieder alles amigo war.

Außenbetrachtungen stimmen diesem Selbsturteil zu - trotz mangelnder Detailkenntnisse über Missgunst und Intrige des Politikbetriebs. Wolfgang Niedecken (BAP) packte seine Wut 1993 in den Refrain (hochdeutsche Übersetzung): „Ihr seid widerlich, nicht mehr zu ertragen. Ihr seid penetrant, wahre Asoziale. Ihr seid ignorant. Was kann man von euch schon erwarten? Karrieregeil seid ihr Versager, sonst nichts. Ihr seid widerlich!" Volker Pispers hielt die SPD für zu blöde, ein Loch in den Schnee zu pinkeln und stellte mit Blick auf die Wahl im September 2013 fest, dass es völlig egal sei, wen man wählt. Er mache seit 29 Jahren Kabarett - mit den selben Themen Rente, Bildung, Gesundheit, Staatsverschuldung, Steuergerechtigkeit und Arbeitslosigkeit. „Und nun zeigen Sie mir mal einen von diesen zentralen Bereichen, wo wirklich etwas besser geworden ist durch die Politik dieser fünf Parteien." Alle möglichen Koalitionen mit CDU, CSU, SPD, FDP und Grünen habe er schon erlebt, „wir hatten auch schon Ampel und Schwampel und Hampel"- und nichts habe es gebracht. Pispers: „Haben diese fünf Parteien die Staatsverschuldung in den letzten 30 Jahren auch nur einen einzigen Tag gesenkt? Die ist explodiert die Staatsverschuldung."

Es ist beileibe nicht mehr der Stammtisch, der die „politische Klasse" in Bausch und Bogen verwirft (zumal es den Stammtisch beinahe nur noch in den Wortphrasen von Politikern und kommentierenden Politikjournalisten gibt). Kopfschütteln, Wut, Frustration sind längst Common sense. Und das ist keineswegs nur Jammern auf hohem Niveau.

Dass die Schere zwischen Arm und Reich immer weiter auseinander geht, ist bekannt - trifft aber nicht nur diejenigen an der unteren Spitze hart. Denn das Problem ist die Umverteilung an sich. Über Steuern und Abgaben kassiert die Politik die Hälfte unserer Leistungen und macht damit nach Gutdünken, was sie will - die Zahler sind keine Aktionäre des Staates, sondern stimmrechts- und anteilslos. Zudem sorgen Politiker mit großer Kompetenz für eine Umverteilung zu den größten Wirtschaftsunternehmen. Der Ideologie des globalen Marktes folgend sind einige wenige Mega-Imperien entstanden, deren banalen Gewinninteressen alles andere untergeordnet wird. Dass es Müller-Milch in jedem Supermarkt gibt und nirgends die nicht-pasteurisierte vom Bauernhof, ist eine hoch-politische Angelegenheit, die aber in keinem Wahlprogramm thematisiert wird. Vorgebliche Auflagen des Verbraucherschutzes haben dafür gesorgt, dass Bauernhöfe nicht mehr wirtschaftlich arbeiten können, die Agrarindustrie dafür aber um so rentabler ist. Das alles sind letztlich Umverteilungen, weil Ihr Geld nicht mehr direkt vom örtlichen Metzger zum Schweinebauern wandert, sondern von Aldi und REWE an eine fleischverarbeitende Industrie. Aus den stolzen Familienunternehmern sind Akkordarbeiter in Großschlachthöfen oder bei Separatorenfleischverpackern geworden.

Umverteilt wird auch vom Gemeinwesen zu Privatunternehmen. Die Post war mal ein öffentliches Unternehmen, bei dem man sogar in jedem größeren Ort sonntags bedient wurde. Heute ist die Deutsche Post das weltweit größte Logistikunternehmen, das seine Post"ämter" längst geschlossen und die dort früher wichtigen Verrichtungen in Blumenläden und Friseursalons verlagert hat. Das Unternehmen gehört auch nicht mehr „Deutschland", sondern zu drei Vierteln Aktionären in aller Welt. In der ehemaligen Telefonsparte der Post haben viele Bürger ihre Ersparnisse als „Volksaktien" versenkt, - Bürger freilich, die es den Großen gleichtun und einfach mit ihrem Besitz reich werden wollten. Die Bahn gehört zwar noch dem Staat, ihr Teilverkauf ist aber bisher nur am Missmanagement gescheitert. Um kurzfristig Spielgeld zu bekommen, verkaufen Kommunen alles, was jemand haben will, selbstverständlich auch ihre Seelen. Für Spottpreise werden im Moment ganze Landschaften an internationale Spekulanten verschachert, die aus sandigen Böden dank des Energiehungers von Menschen und Maschinen Gold zu machen gedenken. Wichtigste Infrastruktur wie das Stromnetz sind schon in der Hand von Geldvermehrungsfirmen, Kanalnetze haben weitsichtige Provinzpolitiker vor Jahren als tolles und jedem Mittelstufenschüler einleuchtendes Geschäft verkauft.

Und natürlich wird Macht umverteilt. Aus der Landespolitik an den Bund, vom Bund an Europa oder andere „supranationale Organisationen", aber auch an Gerichte, Körperschaften des öffentlichen Rechts, an private Sicherheitsdienste.

An all diesen Umverteilungen kann der Wähler nichts ändern - ein Blick zurück sollte einem solche Flausen ausstreiben. Politiker machen, was sie wollen, sie machen es zu ihrem eigenen Nutzen und man kann von ihnen gar nichts anderes erwarten, weil ihr Verhalten natürlich ist - biologisch völlig korrekt. Und gerade deswegen ist die Parteiendemokratie der Geburtsfehler der Bundesrepublik - aus Bürgersicht. Die realen Kräfteverhältnisse ließen freilich gar nichts anderes zu. Es musste ein Staatswesen geschaffen werden, das kompatibel zu und untertan den Siegermächten ist. Parteien gibt es schließlich nicht, weil sie gut zur Demokratie passen würden, sondern weil sie hervorragende Machtinstrumente sind. Mit nichts lässt sich der Verstand so gut ausknipsen wie mit dem Eintritt in eine Partei. Und wer ihr nicht beitritt, der soll sich wenigstens durch ihre Wahl versündigen. ´

Simone Weil (2009:14) hat drei Merkmale erkannt, die eine politische Partei auszeichnen. Sie sei erstens „eine Maschine zur Fabrikation kollektiver Leidenschaft", womit sie wohl jede Form fixer Ideen meint, die sich in einen Beschluss, einer Parole, in Propaganda oder Fanatismus fassen lassen. Leidenschaft ist bei Weil nicht positiv konnotiert. Zweitens sei eine Partei eine Organisation, um „kollektiven Druck auf das Denken jedes Menschen auszuüben, der ihr angehört." Ergebnis ist der Parteisoldat. Und drittens sei es der einzige Zweck jeder politischen Partei „ihr eigenes Wachstum, und dies ohne jede Grenze", und, möchte ich ergänzen, vor allem ohne jeden tieferen Sinn. Weil resümiert: „Aufgrund dieser drei

Merkmale ist jede politische Partei in Keim und Streben totalitär."

Vielleicht konnte man zu einer früheren Zeit als armselige Arbeiterfamilie in der Sozialdemokratie eine Lobby sehen, die einem zu einem besseren Leben verhelfen könnte. Wenn es um existenzielle Dinge geht, mag man anderes unterordnen. Wie aberwitzig mutet es hingegen heute an, wenn sich eine Partei in ihrer Gänze und Schönheit als Generallösung für alle Probleme, als Fundus jeder benötigten Idee, als Managerin unserer umfassenden Lebensfragen anbietet. Ich persönlich möchte weder mit Angela Merkel noch Peer Steinbrück einen Kaffee trinken müssen. Wie könnte ich dann je auf die Idee kommen, ihnen mein Leben anzuvertrauen? Aber sie sagen dreist: Du hast doch die Wahl zwischen uns beiden. Das ist Demokratie, was willst du mehr?

Ja, was will ich mehr? Vielleicht schon mal ein paar mehr Köpfe, darunter auch ein, zwei kluge, gegen etwas Witz und Talent auf irgendeinem Gebiet hätte ich auch nichts einzuwenden. Tu ich den Parteien unrecht, weil ich noch nicht entkommene, immer noch große Beute ihrer Menschenfischerei ignoriere? Wie viele Bundestagsabgeordnete einer beliebigen Fraktion können Sie benennen? Schaffen Sie 20 bei der Union? Und könnten Sie zu diesen 20 Namen auch noch politische Positionen benennen, die so klar abgegrenzt sind, dass sich unzweifelhaft die Notwendigkeit ergibt, alle 20 Unions-Kandidaten im Bundestag zu alimentieren?

20 Unionsabgeordnete sind nicht einmal 9% der Fraktion, 3% des Bundestags. Mindestens 90% der

Abgeordneten kennen Sie nicht, und kennt auch sonst niemand, der nicht beruflich mit ihnen zu tun hat. Deswegen muss sich diese große Mehrheit des Parlaments auch nicht für Sie als Wähler irgendwie krumm machen - Sie stehen ja in keinerlei Beziehung miteinander. Diese unbekannten Abgeordneten müssen ihrer Partei- und Fraktionsspitze gefallen, um wieder aufgestellt zu werden, um am Informationsfluss teilhaben zu dürfen, ja um überhaupt „politisch arbeiten" zu können, was immer das heißen mag. Im Zweifel müssen sie sich unauffällig verhalten, nur an den richtigen Stellen applaudieren, aber auf keinen Fall dürfen sie etwas durcheinander bringen. Gerade der bescheidene Hinterbänkler also, der gar keine große Karriere machen will, der nicht daran arbeitet, einmal Minister zu werden, gerade der ist darauf angewiesen, dass die Parteispitze mit ihren Themen und Gesichtern, mit ihrem Witz und ihrer Aggression bei den Wählern punktet und so bei der nächsten Wahl genug Stimmen holt, dass es auch für ihn noch ein Plätzchen im Bundestag geben kann.

Es braucht wahrlich keine „Parteienforscher" (bei denen ich immer an Südpol-Exkursionen denken muss - und an Jacques-Yves Cousteau), um sich das Innovations- und Diskussionsklima unter solchen Jobbedingungen vorstellen zu können. Pressemitteilungen solch unbekannter Abgeordneter, mit denen sie den Besuch politischer Prominenz in ihrem Wahlkreis publik machen, zeugen jedenfalls von devoter Speichelleckerei, um das appetitlichere Bild zu gebrauchen.

Was sagt es uns eigentlich, dass ein Politiker nicht ohne seine Firma denkbar ist? Welcher aus seiner Firma verstoßene Politiker hat danach noch irgendeine Rolle gespielt? Ohne seine totalitäre Partei ist der Politiker nichts, und das übertrifft den Irrsinn Patriotismus bei weitem, zu dem Kurt Tucholsky in Kaspar Hausers Schulaufsatz „Der Mensch" die schönen Worte fand: „Jeder Mensch hat eine Leber, eine Milz, eine Lunge und eine Fahne; sämtliche vier Organe sind lebenswichtiger Natur. Es soll Menschen ohne Leber, ohne Milz und mit halber Lunge geben; Menschen ohne Fahne gibt es nicht."

Der ehemalige Ministerpräsident von NRW und heutige Rechtsanwalt Jürgen Rüttgers phantasiert zur Bedeutung dieser fahnenschwenkenden Parteien und ihrer Soldatesken, sie seien die „Mittler zwischen den Staatsorganen und der Zivilgesellschaft und ihren bürgerschaftlichen Institutionen" und konkurrierten „um den Einfluss auf die staatliche Willensbildung" (Rüttgers 2012: 92 + 109). Seien Sie ehrlich, Sie gehören auch zu denen, die der Aufopferungsbereitschaft politischer Parteien nicht den staatsräsonal geforderten Respekt entgegen bringen!

Die Leistungsträger würden sichtbarer, tilgten wir einige Begriffe aus dem Sprachgebrauch: Staat, Gesetzgeber, Minister, Fiskus, Verfassungsgeber, Parlament, Parteien - sie alle meinen schlicht und ergreifend: Politiker. Berufspolitiker. Und zwar stets die selben.

Was verdanken wir ihnen nicht alles! Die Überwachung durch ausländische Geheimdienste war gerade so ein Überraschungspaket (ja das machen

die Geheimen nicht mal eben so alleine, da braucht
es schon Hilfe und Platz und Datenleitungen und
so). Den sinnvollsten Krieg der jüngeren deutschen
Geschichte! Wie überhaupt den gesamten Kampf
gegen den unsichtbaren und daher besonders bedrohlichen Terror. Eine zauberhafte Abwrackprämie
verdanken wir den Politikern genauso wie die
Herdprämie, Dosenpfand, steigende Portokosten,
Filmabgabe und GEZ Haushaltsabgabe; die Warn-
westenpflicht kommt von ihnen und das Ersatzka-
nisterverbot, Tempo 50 innerorts, Kindersitz, und
die Pflichtuntersuchungen U5 bis U9.

Einige Schlagworte in dieser kurzen Auswahl
von Politikerleistungen könnten natürlich missverstanden werden, und das wird deutlich, wenn
wir nach den wenigen Dingen suchen, die nicht
von Politikern kommen. Das Handy etwa und das
Internet, der Computer und seine Maus. Grippe-
schutzimpfstoff und Herztransplantation. Erdöl und
Fallwindkraftwerke. Google, Twitter, Wikipedia. Se-
mesterticket und Pizza-Taxi.

Denn Politiker schaffen keine Dinge, sie erfinden
nichts und sie stellen nichts her, sie schreiben nur
seltenst gute Bücher und tragen musikalisch nichts
bei. Nobelpreisträger unter ihnen sind rar, wenn wir
von satirischen Friedensauszeichnungen absehen.

Bei genauer Betrachtung sind Politiker für
unser Leben - unergiebig, trotz Omnipräsenz. Sie
schmeißen ja nicht unseren Haushalt, aber sie
würden es durchaus fertig bringen, gesetzlich zu
regeln, wie wir unseren Haushalt zu schmeißen
haben. So von wegen gendermainstreamingmäßiger

Aufteilung beim Kücheaufräumen und Autowaschen sowie der zulässigen Beiziehung selbstgezeugter Minderjähriger. Vielleicht steht das auch schon irgendwo oder ein Gericht würde es aus vorhandenen Datensätzen der Politik herauslesen. Eigentlich ist kaum vorstellbar, dass so wichtige Dinge wie Kochen, Waschen, Bügeln und Gassigehen der patriarchalen oder matriarchalen Beliebigkeit anheim gestellt sein sollen. Wo es doch sonst für jede Lebenslage wenigstens einen konstruktiven Zwangsvorschlag von Politikern gibt: Currywurst-Erziehungssteuer etwa, Veggieday in der Betriebskantine, befristete Ehe oder Pflicht zur privaten Zusatzrente.

Die Liste der Politikerleistungen ist so unendlich lang, dass manch einer sich gar nicht mehr vorstellen kann, ohne explizite Erlaubnis überhaupt zu leben. Die erste Frage lautet stets: Darf ich das? Oder: Ist das nicht verboten? Oder: Welche Genehmigung brauche ich von welchen Behörden dafür? In der Grundrechte-Charta der Europäischen Union sollte mal der Satz stehen: „Jeder hat das Recht, eine Familie zu gründen". Aber das wäre leichtsinnig gewesen, denn am Ende hätte noch ein Bürger die Überlegung kund getan: „Ja wieso um Himmels willen auch nicht?" Deshalb heißt es jetzt in Artikel 9: „Das Recht, eine Ehe einzugehen, und das Recht, eine Familie zu gründen, werden nach den einzelstaatlichen Gesetzen gewährleistet, welche die Ausübung dieser Rechte regeln." Merke also: ein Recht ist etwas, das dir die Politik unter Auflagen und jederzeit widerrufbar einräumt. Was kein Recht ist, kann daher nur Unrecht sein. Wer das anders sehen will, muss ins Recht hineinschauen und wird dabei vieles, aber niemals alles sehen. Als Hoffnung bleibt dann einzig, dass auch die beruflichen Rechtseher gerade genügend nicht sehen, um einem Recht zu geben - individuell, im Einzelfall eines Gerichtsverfahrens.

Es wirkt so vieles irrsinnig. Da wird pro Kilometer „Begradigung" einer Bundesstraße gut eine Million Euro investiert, um einerseits unfallträchtige Kurven und Höhenunterschiede zu beseitigen - also zwangsläufig unverhältnismäßig schnell fahrende Automobilisten vor sich oder andere vor ihnen zu schützen - und um andererseits Ortseinfahrten mit Schikanen zu verbauen, die zu schnell Fahrende - ebenso zwangsläufig - verunglücken lassen. Denn keine andere Funktion hat ein solcher „Fahrbahnteiler" an den Straßenzipfeln eines Ortes: „brems oder stirb" lautet sein Angebot. Die gerade oder nur leicht geschwungen geführte Straße soll Unfälle von Rasern verhindern (und ihnen den Weg freimachen), die Verkehrsinsel vorm nächsten Ort soll hingegen mit dem Unfall drohen (und so zur Tempodrosselung führen). Diesem Irrsinn habe ich meine erste Nacht bei einem Verkehrstoten zu verdanken, den ich zwar nicht kannte, aber über dessen politisch gewollt unsanfte Abbremsung ich bei einem Feuerwehreinsatz viele Stunden nachdenken durfte. Das ist 25 Jahre her, die Politik ist geblieben. Überall im Land bezahlen wir diese schizophrene Form von Verkehrssicherheit (zu dessen Nebenprodukten es gehört, die alte Straßenführung „rückgebaut" als Fahrrad- und

Wirtschaftsweg auszuweisen - aber diesen weiteren Irrsinn will ich hier nicht vertiefen).

Was wollen Politiker mit solchen Bauten (mit denen sie im Detail natürlich wieder nichts zu tun haben, weil sie ja nichts nichts schaffen außer rechtliche Tatsachen)? Wollten sie durch unangepasste Fahrweise induzierte Unfälle verringern, würden sie sich um angepasste Fahrweisen kümmern - mit Bildung, Tempokontrollen und wirkungsvollen Sanktionen, was stets auf eine Stärkung der Eigenverantwortlichkeit jedes Einzelnen hinausliefe. Solchen Verkehrsinsel- und anderen Irrsinn findet man in jedem Bereich, denn er ist mit dem, was Parteien tun, verheiratet. Ihre Politik ist stets unlogisch, weil sie verschiedenste Interessen bedienen müssen, um Macht zu haben. Und sie ist willkürlich, weil sonst jeder denkende Mensch ihre Aufgaben übernehmen könnte, - und das wäre der Tod der Parteien. Darum geht es ihnen nicht um richtig und falsch, deshalb hat ihre Politik kein nachvollziehbares, bejahenswertes Ziel, darum geht es um Ideologie. Wie jede Parlamentsdebatte zeigt.

„Das Ziel besteht doch nicht im Dialog für die beste Lösung: Es geht um den rhetorischen Sieg vorher bereits festgelegter Konzepte", klärte schon vor zwei Jahrzehnten Hans Apel auf, der in den 70er Jahren Finanz- und Verteidigungsminister der SPD war. Was öffentlich im Bundestag verhandelt wird sei „Teil des politischen Kampfes, nicht mehr und nicht weniger." (Apel 1993: 177) Wenn ein Redner den Gegner zur Vernunft mahne und zur Umkehr auffordere, wisse doch jeder, „dass solche Appelle nicht ernst gemeint sind und nur das Ziel haben, der Öffentlichkeit zu demonstrieren, wie verstockt, verbohrt, dumm, reaktionär die andere Seite ist." Weil das ganze Theater nur dem permanenten Wahlkampf dient, sind Abgeordnete auch so ungerne im Plenum, wenn sie nicht gerade vorne beim Präsidenten stehen dürfen. Apel macht keinen Hehl daraus, dass ein leeres Plenum keineswegs Zeugnis des Arbeitsparlamentes sei, ein Ausweis der enormen Überarbeitung seiner Mitglieder, sondern dass sie schlicht besseres zu tun haben. Weil aber die eigenen Redner Applaus brauchen, werden zu wichtigen Anlässen die Abgeordneten extra beigepfiffen, zu Apels Zeiten über eine „Rundrufanlage der Fraktionen", und das klang dann so: „Genossinnen und Genossen. Als nächster Redner spricht für uns Hans-Jochen Vogel. Kommt doch bitte ins Plenum, damit wir ihn unterstützen können." (Apel 1993: 176)

Die Menschen, die repräsentativ für das gesamte Volk Entscheidungen zu allem und jedem treffen, interessieren sich nicht die Bohne für unsere Anliegen (eine beispielhafte Parlamentsdebatte finden Sie, kommentiert, in „Verbannung nach Helgoland", S. 193-230). Politiker kennen keine Tatsachen, nur richtige und falsche Meinungen. Wer eine Meinung hat, braucht keinen Verstand mehr.

Dabei sind es ausschließlich „unsere" Politiker, die über Steuern und Abgaben, Rechte und Pflichten, Umweltschutz und Wirtschaftswachstum, Kultur und Wissenschaft, Krieg und Frieden diskutieren können. Die Bürger als Souverän werden nicht befragt, ihre Lebenserfahrung oder Intelligenz, ihr

Wissen und Wünschen ficht Berufspolitiker nicht an. Wenn Bürger sich äußern, finden sie als Bürgerinitiativen, Vereine, Netzwerke oder einzelne Petenten kein sachlich interessiertes Gehör, sondern nur Sorge um Kontrollverlust.

Politiker wollen uns mit simpelsten Wahlslogans zur Abgabe einer Generalvollmacht bewegen, die ihnen alles erlaubt und nichts abverlangt; einmal gewählt, schalten und walten sie über unser Schicksal, über unseren Lebensraum, über alles, was ihnen der Urknall gegeben hat - sofern es in ihrem Territorium liegt. Ihre Werbetaktik ist dabei selbstverständlich von dem Wissen optimiert, längst nicht von jedem eine Unterschrift zu benötigen: es genügt das Kreuz der Mehrheit derer, die überhaupt irgendeiner Firma von Berufspolitikern ihre Generalvollmacht ausstellen.

Ein Einziger genügt!

Lässt sich nur ein einziger Wahlberechtigter zur Stimmabgabe bei der Bundestagswahl hinreißen, schickt die gewählte Partei 598 Abgeordneten ins Parlament und vertritt mit ihrer 100%-Mehrheit alle Bürgerinnen und Bürger des Landes.

Das klingt so absurd nur, weil es schlicht und ergreifend im theoretischen Konstrukt unseres Staates nicht vorgesehen ist. Natürlich wählen viel mehr Menschen. Und wenn es nur noch die Parteimitglieder selbst wären. Aber es gibt kein Quorum, keine Mindestteilnehmerzahl. Um das, was sich in Deutschland parlamentarisch-repräsentative Demokratie nennt aufrechtzuerhalten, genügt eine einzige Zweitstimme. Formal. Was in dieser rein hypothetischen Situation los wäre, müssen Drehbuch- oder Romanautoren bearbeiten.

Politiker und ihre Aus- und Zulieferbetriebe servieren uns bekanntlich andere Themen. Es geht um ein bisschen Steuer rauf hier und runter dort, um ein Verbot von diesem und jenem und bei all den neuen, dringend notwendigen Vorschriften um Bürokratieabbau. Wir sollen Gesichter wählen. Aus zwei oder sechs dürfen wir uns eines aussuchen, aber die nicht-ausgesuchten werden uns trotzdem die nächsten Jahre mit ihrer Präsenz beglücken. Da hat das Parteiengesetz gut vorgesorgt. Selbst eine FDP, die erstmals nicht mehr im Bundestag vertreten ist, wird präsent bleiben und ein staatlich finanziertes Großunternehmen darstellen.

Um was es in der Politik geht, kann man wunderbar bei Peter Struck nachlesen. „So läuft das" (2011) ist „ein fairer, aber ungeschönter Rückblick, subjektiv und durchaus emotional", wie Struck darin kurz nach seinem Ausscheiden aus dem Bundestag, dem er fast 30 Jahre angehört hatte, schreibt. Seine Darstellung von „Politik mit Ecken und Kanten" treibt einem jede Hoffnung aus, Parteipolitik könnte irgendetwas mit den Interessen von Wähler zu tun haben und sei Bestandteil einer Demokratie. Es wäre zu billig, aus seinen vielen Passagen über Oskar Lafontaine zu zitieren, - der einzige Politiker, den Struck offenbar verachtete: denn da fallen wunderbare Begriffe wie Demagoge, Machtpolitiker, Despot, Sonnenkönig, Rachefeldzug, Destruktivkraft, skrupellos, anmaßend... Stattdessen zitiere ich einige Schlagwörter von den ersten anderthalb

Seiten seines Kapitel „Regieren macht Spaß" (das wirklich so heißt):

„Beziehungsprobleme, euphorisch, mit fast kindlicher Freude, gewonnen, Freudentaumel, ausgelassenes Fest, Überschwang, Spaßfaktor, eingebläut, Wunschvorstellungen, Blick für das Machbare, kritische Fragen, Rolle als Kontrolleur, attackieren, verwirrte, persönliche Ablehnung, Misstrauen". Bundeskanzler Schröder zeigt, wer „Herr im Haus" ist, Struck legt schwierigen Genossen „den üblichen Therapieplan" vor und erlebt innerparteilichen Streit zwischen den Flügeln als „absurdes Theater", er war regelmäßig Dompteur zwischen den „Streithähnen" Finanzminister Eichel und Verteidigungsminister Scharping, die die Luft in Strucks Büro zum Brennen brachten...

Struck plaudert wirklich nett, seine fast durchgängig (sattsam) bekannten Protagonisten lassen das Geschehen zum Greifen nah werden. Aber auch der letzte Gläubige dürfte am Ende wohl aufgeklärt sein: mit Demokratie hat das Ganze nichts zu tun. Struck bietet stattdessen - unbedacht? - Einblicke in die uns alles andere als fremde Seele von Berufspolitikern. Was und wie sie's tun, ist hernach um so einfacher zu erklären: mit der menschlichen Biologie. Nichts muss einen dann mehr verwundern - aber vieles sollte einem zu denken geben.

Manch leicht überbelichteter Geist denkt sich dabei die Bürger als Problem. Weil er ja nichts anderes kennt und sich nichts anderes vorstellen kann als Politikerherrschaft, müssen Fehler beim Volk liegen, das immer noch zu viel Mitsprache hat, zu sehr an der öffentlichen Meinungsbildung mitwirkt, sich (kontrolliert aber noch nicht zensiert) im Internet äußert, sich letztendlich mit dem beschäftigt, was es schlicht mangels Qualifikation nichts angeht: Politik. Nicht auszudenken, wie groß unsere Probleme erst wären, wenn das Volk auch noch per Abstimmung Gesetze machen dürfte. Der kluge Geist schüttelt sich angewidert.

Natürlich folgt dem Gedanken an Demokratie immer zunächst ein Schrecken und Magenziehen. In einem Land, in dem sich eine plump berufsbaggernde Journalistin vom Objekt ihrer Wissbegierde auf den Busen geschaut fühlt und damit eine „Sexismus-Debatte" auslöst, für deren völlig hirnloses Gezeter es dann auch noch den „Grimme Online Award" gibt! In einem Land, dessen Bewohner ganz überwiegend – entgegen ausgelachter Kabarettnummern – gerade keine Pedanten der Mülltrennung, sondern farbenblinde Analphabeten sind, die drei verschiedene Abfallbehälter nicht sachdienlicher zu befüllen vermögen als es die schlichte Zufallsverteilung erwarten lässt. Ein Land, in dem sich erwachsene Menschen bei heißester Sommersonne in ein hermetisch abgeschlossenes Auto setzen, jedoch nicht in der Erwartung Grillgut zu werden, sondern mit der Macht der Ölverbrennung ausgestattet kühlende 18 Grad Klimaanlagentemperatur erwartend. In einem Land, das sich mit „Dschungelcamp" unterhalten lässt.

Ja, wir denken bei Demokratie mit Schrecken an Patriotismusgegrunze und Rammstein-Fans, natürlich haben wir den vollgepissten Besoffski mit

„Deutschem Gruß" vor Augen, dessen Bild untrennbar mit dem Pogrom in Rostock-Lichtenhagen 1992 verbunden ist. Wir denken an die vielen Umfrageergebnisse, die wir schon lange für Fake halten, weil wir ja nie gefragt wurden.

Doch mit Schrecken und Magenziehen beim Gedanken an Demokratie unterliegt man schon wieder dem Systemfehler, der einen das Lautgeplapper für rationale gesellschaftliche Mehrheit halten lässt. Die Wahrheit aber ist, dass nur in einem demokratischen Prozess die ganzen Kunstaufreger, Empörungsthemen und Begeisterungswellen zunächst auf ihre reale Bedeutung zurückgestutzt und danach ggf. einmalig und abschließend bearbeitet würden.

„Democracy is the worst form of government - except for all those other forms, that have been tried from time to time." Mit diesem Ausspruch von 1947 wird Winston Churchill immer wieder gerne zitiert, weil sich die darin enthaltene Selbstlegitimation dem Anschein nach selbstkritisch gibt. „Demokratie ist die schlechteste aller Regierungsformen - abgesehen von all den anderen Formen, die von Zeit zu Zeit ausprobiert worden sind." Das ist aus Sicht der Politik zutreffend, ansonsten aber die ahnungslose Diskreditierung einer großartigen Idee. Selbstredend ist das, was es bisher unter dem Label „Demokratie" gab, immer Herrschaft gewesen. Die Unterordnung des Volkes gelang bis hin zur Definition des Staatswesens, die es sich wie alles andere von der kleinen Schar an Chefdarstellern in sein Stammbuch hat diktieren lassen. Über das, was Politiker und ihre alimentierten Anrainer historisch richtig aber praktisch belanglos unter Demokratie verstehen, lohnt es kein Buch mehr zu schreiben - auch meine Regale biegen sich unter diesem „Ballast der Republik".

Stattdessen lade ich ein, Demokratie als einen Prozess zu sehen, in dem es nicht um Herrschaft über Heutiges und Gestriges geht, sondern um gemeinsame Gestaltung der Gegenwart mit Blick auf die Zukunft.

Demokratie - simpel, uralt, lang erprobt - und doch beinahe unmöglich?

*) Eine Auswahl der als „Zwischenrufe" gefallenen Politikerbeschimpfungen von Politikern gibt es online unter www.Vorbote.de/Reichstag

Kapitel 2

ADAM UND EVA
IN DER POLITIK

Einzelne Menschen gelangen zur Herrschaft über einen Wettbewerb, der mit Kräftemessen nur schlecht beschrieben wäre. Das meist falsch als brutal-selektionistisch gedeutete Prinzip „survival of the fittest" stellt nämlich völlig wertneutral fest, dass derjenige den größten Erfolg hat, der sich am besten den Gegebenheiten anpassen kann. Das klingt sehr banal, besagt aber viel mehr als „der Stärkere gewinnt". Um optimal mit den vorhandenen Lebensbedingungen klar zu kommen, ist nur in manchen Fällen Kraft nötig. Oft geht es um Intelligenz, um Raffinesse, um soziale Kompetenz, um Wissen und Können.

Survival meint in der Biologie nicht das möglichst lange Leben eines Individuums - das ist meistens ohne Bedeutung -, sondern das „Überleben" seines Genoms. Und das gelingt nur in Form von Nachkommen. Survivalkünstler ist, wer viele Nachkommen hinterlässt, die sich wiederum erfolgreich fortpflanzen. Das ist der Sinn des Lebens - außerhalb von Mystik.

Eine mögliche Strategie für Reproduktionserfolg ist es, innerhalb eines Sozialverbandes die führende

Stellung einzunehmen. Diese Position ist allerdings in der Regel auch mit den höchsten Kosten verbunden und daher längst nicht für jedes Mitglied interessant. Ausgehend von den eigenen Möglichkeiten können andere Strategien wesentlich ertragreicher sein. Man darf Filmstars zwar attraktiv und sexy finden, für die eigene Paarung sollte man sich aber auf einem realistischeren Level umschauen.

Interessant wird die Führungsposition, wenn man damit andere für sich einspannen kann. Insektenstaaten leben vorbildlich davon, es gibt eine klare Arbeitsteilung und zur Freude der Königin weder Gewerkschaften noch Rebellionen. Beim Menschen sieht das bekanntlich etwas anders aus, und der Grund ist simpel: sich von anderen vor den Karren spannen zu lassen ist nur dann sinnvoll, wenn man mit dem Karren auch die eigene Familie an einen besseren Ort bringt. Von anderen beherrscht zu werden findet der Mensch dann gut, wenn die Kosten-Nutzen-Rechnung für ihn aufgeht. Das tut sie besonders häufig, wenn er „die da oben" mal machen lässt und davon ausgehen kann, als Dank dafür auch ein wenig in Ruhe gelassen zu werden.

Wo es im Tierreich um innerartliche Konkurrenz geht, haben sich vielfach Mechanismen herausgebildet, die für einen ressourcenschonenden Wettbewerb sorgen - weil das unterm Strich auch für den Überlegenen besser ist. Wenn Bullen des Moschusochsen ihre Schädel aufeinander krachen lassen, ist das alles andere als ein Spaß - aber im Normalfall überstehen beide den Kampf unverletzt und es ist doch ein Sieger benannt. Das Gegenteil zu solchen ritualisierten Turnierkämpfen ist das Duell im Wilden Westen.

Beim Menschen ist zur Ressourcenschonung der Wettbewerb um die Macht seit Jahrhunderten stark eingeschränkt. Ein Bauer kam gar nicht auf die Idee, Fürst werden zu wollen. Und solange sich ein König durch Patronage sein Umfeld, insbesondere das bewaffnete, gefügig halten konnte, wurde die familiäre Sukzession nicht infrage gestellt. Dafür wurde der Wettkampf mit anderen Herrschern ausgebaut. Dem Primat folgend, dass mehr Land mit Tieren und Pflanzen (und Menschen) zu beherrschen immer besser ist als weniger zu haben, zieht sich durch die gesamte menschliche „Kulturgeschichte" eine breite Blutspur.

Dem Gruppenführer zu folgen hatte früher gut funktioniert, in der überschaubar großen Sippschaft. Doch die Intelligenz des Menschen hat immer größere Populationen möglich gemacht und damit das eigene Genom überrollt. Raub und Krieg gab es beim Menschen immer schon (und sie werden auch bei Schimpansen beobachtet), aber sie hatten einen biologischen Sinn. Seit rund 5000 Jahren erleben wir nun aber ein Spektakel der Abartigkeiten, das gut mit der aktuellen Wirtschaftslinie beschrieben ist: grenzenloses Wachstum. Völlig funktionslos wächst, was der Mensch wachsen machen kann: Um das eigene Territorium zu vergrößern, töten Menschen Menschen unter Einsatz ihres eigenen Lebens. Willkürlich zusammengewürfelte Menschen kämpfen als „Nationen" gegen andere. Jeder will immer mehr haben, immer Größeres, Neueres, Schöneres, Auffälligeres. Denn alles Haben klingt nach Ressource und die ist wichtig.

Wer ernsthaft über „Politikreformen" nachdenken will, muss unsere genuinen Probleme zur Kenntnis nehmen. Das ist sehr einfach, tut aber weh. Wenn ich also fortwährend der Unfähigkeit unserer Politiker zürne, dann weiß ich natürlich immer um unserer eigene individuelle Unfähigkeit, aus unserem Leben etwas Sinnvolleres zu machen, eingedenk, dass Gehorsam gegenüber Autoritäten bis zur totalen Selbstaufgabe der wesentliche Evolutionsschritt war.

Eine Staatsform ist nichts anders als ein Turnierrahmen zur Bestimmung der Bosse. Ob ich mir dazu ein großes Geweih wachsen lasse oder meine Rhetorik schärfe, ist einerlei - es muss halt zu den Turnierregeln passen. In einer parlamentarischrepräsentativen Parteiendemokratie ist ein Geweih nicht sehr zweckdienlich (dafür die Fähigkeit, sich anzubiedern und andere in seinen Bann zu ziehen - und eine Krawatte binden zu können). Der gesamte Rest, der heute für grundlegend gehalten wird, dient nur diesem Zweck. Der „Sozialstaat" ist keine Idee der Wohlfahrt, sondern der erste Teil des bekannten Zuckerbrot-und-Peitsche-Prinzips. Otto von Bismarck hat 1883 die Krankenversicherung und 1889 die Rente nicht aus Mitmenschlichkeit eingeführt: „Mein Gedanke war, die arbeitenden Klassen zu gewinnen, oder soll ich sagen zu bestechen, den Staat als soziale Einrichtung anzusehen, die ihretwegen besteht und für ihr Wohl sorgen möchte." Der SPIEGEL ergänzte dazu im Wahlkampf 1998, mittlerweile seien Bismarcks „vergleichsweise plumpe Methode der Herrschaftssicherung zu einem Bevorzugungs- und Betreuungssystem ausgebaut, das alle gesellschaftlichen Gruppen erfasst, die meisten gleich mehrfach, nach immer neuen sozialen Kriterien und Merkmalen gestaffelt." Schulpflicht gibt es ganz sicher nicht, weil gebildete Menschen der Macht gefährlich werden könnten, sondern weil sie diese stabilisieren.

Wir können zwar mit unserer Intelligenz jederzeit neue Systeme für den Weg zur Macht ersinnen (eine Demokratie etwa), aber sie sind nur gangbar, wenn sie von einer dominierenden Gruppe akzeptiert werden - alles andere bleibt graue Theorie. Und man bindet dabei sinnvollerweise so gut es geht auch Gegner ein. Denn dass es diese gibt, ist wiederum ein biologisches Grundprinzip: Dem Einen erscheint es sinnvoller, im System mitzumachen, dem Anderen, dagegen zu verstoßen und sich nicht an die Regeln zu halten. Auch das wird immer so sein, egal was in Gesetzen steht und welche Sanktionen bei Verstößen drohen. Man kann jeden Diebstahl mit der sofortigen Amputation einer Hand ahnden. Und doch gelingt es mit dieser Brutalität nicht, den Diebstahl aus der Welt zu schaffen, weil es immer Situationen gibt, in denen der Diebstahl lohnender erscheint als die Befolgung des Diebstahlverbots. Weil - um nur zwei Extreme zu nennen - entweder das Risiko, beim Diebstahl entdeckt zu werden inexistent zu sein scheint, oder weil es schlicht keine Alternative gibt und ohne den Diebstahl der (Hunger-) Tod käme.

Was Politiker tun ist also immer so nachvollziehbar wie absurd gleichermaßen. Nachvollziehbar, weil Herrschenwollen ein Naturprinzip ist, weil all das, was für Machterhalt und -ausbau von Politikern getan wird - Krieg, Intrige, Talk-Show-Prostitution - zweckdienlich ist, aber eben auch absurd, weil damit unbestreitbar eine Blut- und Tränen-Geschichte geschrieben wird, ohne irgendeinen (biologischen) Erfolg.

Die Herrschaftsformationen haben über die Jahrhunderte ihre Fahnen gewechselt - die Herrscher selbst sind, ungeachtet ihrer individuellen Phänotypen, stets geblieben. Und so sind - um die Sache abzukürzen - aus Fürstentümern Kommunen und Bundesländer geworden, aus Familien-Clans Parteien, aus Adligen führende Parteimitglieder.

Das biologische Prinzip dahinter, das sich über Jahrmillionen für kleine Gruppen evolviert hat, ist weder gut noch böse - es ist einfach da, so wie unser Blinddarm, mag man von ihm halten, was man will. Problematisch wurde es in dem Moment, als die Sozialverbände zu groß wurden und die Individuen von der Masse abgelöst wurden, - ein Schritt, den wir wie alle Gegenwartsprobleme unserer Intelligenz verdanken. Die natürliche Ordnung der Verwandtschaft - Grundlage für alles soziale Handeln - wurde durch abstrakte Ordnungen ersetzt: Volk, Nation, Staat, Glaubensgemeinschaft. Seitdem gibt es keine personalen Bezüge mehr innerhalb einer sozialen Gemeinschaft, die meisten ethologischen Funktionen (von der Brutpflege bis zum Altruismus) laufen überwiegend leer.

- Inzwischen hat fast auch der Letzte verstanden, dass der „Klimawandel" mehr ist als eine Schlechtwetterfront, der wir mit dem Regenschirm begegnen können. Und doch tun die Herrscher, die immerhin selbst mit kleinen Kriegen hunderttausende Menschen sterben lassen können, nichts. Globale Probleme passen nicht in das Großhirn eines für kleine Gruppen konzipierten Führers.
- Die Politik predigt uns seit Jahren - von einigen Unterbrechungen abgesehen sogar seit Jahrhunderten - „Verzicht". Erfolgreich. Was im kleinen, familiären Verband tatsächlich sinnvoll ist in Krisenzeiten, ist bei Stammes- oder Landesgrößen geradezu absurd, weil der Erfolg dieses Verzichts nicht oder zumindest nicht mit der nötigen Wahrscheinlichkeit dem Verzichtenden (bzw. seiner Sippe) zugute kommt. Für welche Ziele wird denn derzeit von wem auf was verzichtet? Um es nur mal fiskalisch zu betrachten: Das Gros der Bevölkerung verzichtet auf mehr als die Hälfte seiner Leistungserträge zugunsten einer von ihm nicht gesteuerten Umverteilung. Wer arbeitet oder sich ehrenamtlich engagiert, tut dies zum größten Teil nicht für sich und die Seinen, sondern für Andere, für Unbekannte und Unverwandte.
- Einen Vertrag mit nachfolgenden Generationen haben Politiker nicht. Sonntagsreden dazu ja, Handeln nein. Denn diese nachfolgenden Generationen berühren sie nicht. Es sind irgendwelche Nachkommen, nicht ihre - oder ihre eben nur als wenige unter schier unendlich vielen. Hingegen

ist die Verschleuderung der Erde heute ein absolut machtstärkendes Geschäft.

Der Frust über dieses politische Unvermögen ist allgegenwärtig, doch es fehlt eine wesentliche Erkenntnis für Veränderungen: unfähige Herrscher können nicht anders. Es ist kein individuelles Versagen, wenn sich Politiker wählen lassen und dann entgegen ihrer vorangegangenen Werbung Steuern erhöhen. Es hilft nichts, die eine Ministerin durch eine andere zu ersetzen, will man den gewaltigen Lobby-Druck etwa der Gesundheitsindustrie auf die staatlich beigetriebenen Zwangsbeiträge drosseln.

Was darum heute einzig und allein auf der „Agenda" steht, ist kein austauschbares Detail (Gesundheitsreform, Klimaschutz, Rauchverbot...), sondern die Herrschaftsfrage. Die Herausforderung an jeden einzelnen von uns ist nicht mehr und nicht weniger als die Einsicht, dass Herrscher Schaden anrichten, sobald sie Gelegenheit dazu haben - nicht, weil sie mit Vorsatz handeln, sondern weil sie falsch gepolt sind

Die Klage darüber ist natürlich nicht neu. Überhaupt nicht. Aber sie wird regelmäßig von den Klagenden selbst gekontert: Wie soll es denn sonst gehen, wer soll es denn sonst machen, willst du etwa...?

Nein, natürlich will niemand Politiker werden, der sich bisher ganz aus freien Stücken dem Parteienzirkus ferngehalten hat, wer auf Meinungsprostitution und Gedankenlinientreue verzichtet hat. Muss auch niemand. Denn Demokratie geht anders.

Kapitel 3

WOZU DEMOKRATIE?

Geisteswissenschaften erkennt man daran, dass nichts klar ist. Nur ein Naivling würde etwa erwarten, bei den Politologen eine einfache, anerkannte Definition von „Demokratie" zu finden. Aber man kann das Fach wohl studieren, um schriftenlang immer noch nicht den Nagel lokalisiert zu haben, den man nur einmal auf den Kopf treffen müsste. Eckart Thurich (2011: 17) schreibt in einem von der Bundeszentrale für politische Bildung herausgegebenen Lexikon zum Stichwort Demokratie: „Bezeichnung für eine Herrschaftsform. Die wörtliche griechische Übersetzung ‚Herrschaft des Volkes' hilft wenig weiter, weil sich mittlerweile auch Diktaturen als ‚wahre' Demokratien bezeichnen. Deshalb müssen charakteristische Merkmale benannt werden, die nach unserem Verständnis eine demokratische Herrschaftsordnung kennzeichnen. Diese Merkmale findest du in: Freiheitliche demokratische Grundordnung." Die grundlegenden Merkmale seien demnach

- „Achtung vor den im Grundgesetz konkretisierten Menschenrechten, vor allem vor dem Recht der Persönlichkeit auf Leben und freie Entfaltung,
- die Volkssouveränität,
- die Gewaltenteilung,
- die Verantwortlichkeit der Regierung,

- die Gesetzmäßigkeit der Verwaltung,
- die Unabhängigkeit der Gerichte,
- das Mehrparteienprinzip und
- die Chancengleichheit für alle politischen Parteien mit dem Recht auf verfassungsmäßige Ausübung einer Opposition."

Was eine Demokratie ist, weiß man nun immer noch nicht; dafür gerät man ins Grübeln, wie die benannten Merkmale zu Deutschland passen.

Professoren machen es etwas komplizierter. „Demokratie sollte ein selektives System konkurrierender erwählter Minderheiten sein", meint Giovanni Sartori in seiner Demokratietheorie, der deshalb auch von „Wahl-Polyarchie" spricht und den Begriff „Demokratie" nach Robert Dahl für ein theoretisches Ideal reserviert. Benjamin Barber definiert: „Starke Demokratie als Bürgerbeteiligung löst Uneinigkeit bei Fehlen eines unabhängigen Grundes durch den partizipatorischen Prozess fortwährender, direkter Selbstgesetzgebung sowie die Schaffung einer politischen Gemeinschaft, die abhängige, private Individuen in freie Bürger und partikularistische wie private Interessen in öffentliche Güter zu transformieren vermag." (nach Massing/ Breit 2002: 280)

Wozu Demokratie gut sein soll, kann sicherlich aus vielen verschiedenen Blickwinkeln diskutiert werden, also mit unterschiedlichen Bedingungen. Drei seien genannt:

1. Aus Sicht der „Staatsrechtslehre"

Das ist das Diskussionsfeld der Juristen und Politikwissenschaftler, auf dem sich bei Bedarf auch

Politiker einfinden. Hier geht es um einen funktionierenden Staat. Tieferer Sinn ist nur selten zu verorten. Das Theoriegebäude soll nur in sich stimmig sein, und dazu braucht es einige Axiome, etwa was überhaupt ein Staat sei, wie er entsteht und wie er wieder aufgelöst werden kann. Aus diesem Blickwinkel kann man dann etwa behaupten, dass direktdemokratische Elemente systematisch nicht ins Bundesrecht, wohl aber ins Länderrecht passen (z.B. Decker 2013). Staatsorgane und ihre Politik sind hier Selbstzweck zum Erhalt einer Ordnung.

2. Aus philosophischer Sicht

Dann hat Demokratie dem einzelnen Menschen zu dienen und ihn zu schützen, wie dies beispielhaft in Jean-Jacques Rousseaus „Gesellschaftsvertrag" dargelegt ist. Die Vernunft der Mehrheit soll sich über die vielfältige Unvernunft des Einzelnen hinwegsetzen – oder einfacher: Demokratie hat dem ethisch Guten zu dienen, und Staatsorgane wie Politik sind Mittel dazu.

3. Aus biologischer Sicht

Wertfrei kann man Demokratie aus biologischer Sicht beschreiben: sie ist dann eine mögliche soziale Organisationsform, mit der sich eine Population erhält und ihren Mitgliedern einen (vorübergehend) effizienten und damit stabilen Rahmen für den Wettbewerb untereinander bietet. Für detailliertere Analysen bisheriger Gesellschaftsformen wäre dann die Hilfe von Historikern zu bemühen.

Jeder einzelne fragt natürlich, was ihm persönlich denn Demokratie bringt und was sie ihm abverlangt. Antworten bieten unter anderem die drei skizzierten Perspektiven.

In den meisten Modellen dient Demokratie einer „Elitenauswahl", einem Wettbewerb der Interessen und Interessenvertreter. Ernst Fraenkel: „[Die parlamentarische Demokratie] verwirft den Gedanken, dass lediglich gespaltene Persönlichkeiten – Gemeinschaftsmenschen in der politischen und Privatmenschen in der sozio-ökonomischen Sphäre – gute Bürger zu sein vermögen." (zit. nach Massing/ Breit 2002: 214) Und doch geht es regelmäßig um Herrschaft, um Verfahren, auf Zeit und von den Bürgern (scheinbar) selbst bestimmt an einzelne oder Gruppen Herrschaftsrechte zu übertragen. Annette Elisabeth Töller spricht von „Abgeordneten als (vermeintliche?) ‚Herrscher'" und „deutschen Bürgern als diese Herrschaft Legitimierende und ihr Unterworfene" (Töller 2008: 4)

Auch das, was sich heute Demokratie nennt, ist eine Herrschaftsform. Ein System, um sehr große „Sozialverbände" von Menschen zu leiten, zu organisieren, zusammenzuhalten – und sich damit von anderen abzugrenzen, mit anderen um Ressourcen zu konkurrieren, eben Herrschaft auszuüben, auch wenn sie längst nicht mehr unmittelbar der eigenen Reproduktion dient.

Demokratie ist eine gute Möglichkeit, widerstreitende Kräfte zu kanalisieren, im Zaum zu halten, sie nutzbar zu machen. Das Glück des Einzelnen ist in der Realität höchstens Mittel zum höheren, egoistischen Zweck. Denn je weniger Grund es für die Bürger als Mitglieder einer Gesellschaft gibt, sich gegen ihre Herrscher aufzulehnen, um so einfacher ist die Regentschaft. Und umgekehrt: je deutlicher die Bürger Herrschaft akzeptieren (weil sie ja demokratisch befristet ist), um so weniger Widerstand leisten sie. Es ist simpel und billig zu sagen: ihr alle dürft mitmachen, dürft euch einbringen, dürft euch dem Wettbewerb um die Macht stellen; ihr dürft Wünsche äußern und Meinungen vertreten! – solange die meisten glauben, in der bestmöglichen Welt zu leben und sich mit ihrer passiven Unterstützung des Systems gegen Schlimmeres zu verwahren.

„Die Herrschenden haben die Demokratie nie freiwillig gewährt." Das ist inzwischen State of the art, wenn es schon die Bundeszentrale für politische Bildung sagt (2004). Allerdings schwingt in dem Satz schnell eine verkehrte Vorstellung mit: dass nämlich Demokratie zur Glücklich- und Seligmachung des Volkes da wäre. Das ist sie nicht.

Demokratie ist zunächst einmal eine Herrschaftsform wie jede andere, genauer gesagt natürlich eine Rubrik für Herrschaftsformen, denn unter der Marke „Demokratie" kommt allerhand Verschiedenes daher. Sie ist weder gut noch schlecht, sondern einfach unter bestimmten Bedingungen relativ stabil. Und nur darum geht es aus Sicht des Systems.

Demokratie wird gerne mit Begriffen wie Freiheit, Selbstverwirklichung, Rechtsstaatlichkeit, Fairness, Gleichberechtigung, Minderheitenschutz und dergleichen mehr assoziiert (so etwa Schubert/ Klein 2011). Darauf *kann* sich eine Demokratie einigen, sie muss es aber nicht (und tut es bei genauerem Hinsehen auch nicht). Auch eine Demokratie lebt von Abgrenzung, sie kultiviert Nationalismus weit mehr als etwa eine Monarchie, weil sie auf die fixe Idee angewiesen ist, dass eine bestimmte Gruppe von Menschen dazugehört (Wahlbürger) und andere eben nicht (Ausländer, alle Bewohner anderer Staaten). Und auch eine demokratische Gesellschaft, die ja heute stets eine kapitalistische ist, funktioniert nur mit deutlichen Klassenunterschieden, mit Reichen und Armen, mit Mächtigen und Ohnmächtigen.

Gegenwärtige Demokratie („Polyarchie") ist eine Herrschaftsform, und deshalb muss man sie zunächst von oben nach unten betrachten, um sie zu verstehen.

Demokratie hat für Herrscher nämlich die angenehme Eigenschaft, dass Konkurrenten gut sichtbar sind. Sie schleichen sich nicht durch den Wald an den Palast heran, um ihn zu erobern, sondern sie stehen weithin sichtbar auf freiem Feld. Dort treffen sie nicht auf die aggressiven Truppen des Königs, sondern auf einen freundlich werbenden Kämpfermarkt: „Mach doch bei uns mit, wir wollen auch da rein in den Palast" werben sie scheinbar offenherzig um jeden Machtwilligen, den sie im Erfolgsfalle umsorgen und beschäftigen, damit er zwar den Eindruck hat, sich permanent auf den Palast zuzubewegen, den er aber tatsächlich nie erreichen soll, denn die neuen Freunde sind natürlich Vasallen des Königs oder schlicht Konkurrenten. Der demokratische Wettstreit ist eine Ergotherapie für alle Konkurrenten der Herrscher. Sie dürfen sich um die Macht bewerben und frühzeitig das Gefühl bekommen, ihr schon nahe zu sein, sie werden beschäftigt mit unzähligen Foren für Selbstdarstellung, mit der Proklamation von Forderungen und Programmen, mit der Mitwirkung in Gremien. Um ihr menschlich-genuines Aggressionspotential zu bändigen, werden die Konkurrenten der Macht von den Mächtigen sogar gefüttert – schon im kleinsten Ortsbeirat gibt es Aufwandsentschädigungen für die schwere Tätigkeit des Sitzens, und man macht nicht einmal einen Unterschied zwischen den eigenen Unterstützertruppen und den angeblich doch bedrohlichen Konkurrenten.

Aus Sicht des Ethologen ist Demokratie ein sehr gutes Sozialmodell: es reduziert ressourcenverschwendenden Mord und Totschlag und schont die Kräfte der Anführer, weil sie Konkurrenten für ihre eigenen Zwecke einspannen, anstatt mit ihnen zu streiten. Regierungsfraktion und Opposition mögen sich zwar in der Bundestagsarena fürs Publikum unversöhnlich und kämpferisch zeigen, sie wissen aber doch um ihren einzigen (potentiellen) gemeinsamen Gegner: das Volk.

Denn wie man es auch dreht und wendet: Politiker wollen etwas von der übrigen Bevölkerung. Sie drängen nicht nach oben, um Diener des Volkes zu sein, sondern um das Volk für ihre Interessen zu nutzen. Das ist normale Biologie.

Wie immer bei sozialen Lebewesen wird die eigene Ausnutzung durch Mächtigere dann akzeptiert, wenn es entweder keine Alternative gibt (weil die Arbeiterin im Bienenstaat nun mal nicht Königin werden kann) oder eine Kosten-Nutzen-Rechnung die Rebellion unattraktiv macht (was sie noch lange nicht ausschließt, siehe Terrorismus). Deswegen ist es das Kerngeschäft der Herrscher auch in einer Demokratie, ihren Nimbus zu erzeugen; nur sie können angeblich all das Lebensfeindliche vom Volk fern halten, das es unsichtbar umgibt: Verbrechen, Terror, Krankheit, feindliche Mächte, Naturkatastrophen. Für diesen Schutz zahlt man, wenn auch nicht gerne, so doch reichlich.

Wer – sozialwissenschaftlich verkorkst – dem nicht folgen mag, betrachte einfach die machterhaltende Funktion des Systems rein empirisch: von 1949 bis 2009 bildeten nur 3550 verschiedene Menschen die „politische Elite" auf Bundesebene als Bundestagsabgeordnete – also etwa 0,003% der Bevölkerung; bis Juli 2013 gab es 208 verschiedene Mitglieder von Bundesregierungen, viele davon Abgeordnete. Nur 250 Politiker haben als „Seiteneinsteiger" keine klassische Parteikarriere durchlaufen (Weyh 2013, Küpper 2013). Vier Seiteneinsteiger pro Jahr, gut 50 Karrieristen aus eigener Parteizüchtung pro Jahr, darunter sehr dauerpräsente Personen wie Wolfgang Schäuble (über 40 Jahre nonstop im Bundestag, vor knapp 30 Jahren das erste Mal Bundesminister). Demokratie bietet den Herrschenden also offenbar ein stabiles System zur Ausübung der Macht, und Emma Goldman's Satz erscheint aller Politologenhäme zum Trotz nicht unzutreffend: „If voting changed anything, they'd make it illegal." (zit. nach Nassehi 2013b) Wählen soll nichts ändern, sondern stabilisieren.

Selbst wenn man Demokratie idealisiert, ist es nicht ihre Aufgabe, alle Menschen an irgendetwas mitbestimmen zu lassen – auch das wird ja hartnäckig behauptet. Es ist dann vielmehr ihre Aufgabe, die besten Ideen hervorzubringen, was bedeuten könnte: Ideen, die nicht schlecht sind und von möglichst vielen, jedenfalls so vielen wie nötig unterstützt oder akzeptiert werden. Da es Herrschern gemeinhin völlig wurscht ist, was für eine Politik sie machen, solange sie von ihnen gemacht wird, ist eine solche Beteiligung des Volkes gänzlich unschädlich: soll es doch streiten um den richtigen Weg in der „Energiepolitik", um Atomkraftwerke oder Kohleabbau, Nachhaltigkeit oder Wachstum, Fortschritt oder Steinzeit, soll es doch demonstrieren und Symposien veranstalten, Petitionen schreiben oder Vereine gründen – solange das Volk in seinem Spielzimmer bleibt ist alles in Ordnung und am Ende kann man als Herrscher großherzig den Willen des Volkes in einem Gesetz zum Ausdruck zu bringen wenigstens behaupten.

Heidrun Abromeit (2008) benennt sechs denkbare Gründe für Demokratie:

1. Selbstbestimmung jedes einzelnen,
2. Herrschaft der Vernunft,
3. Wettbewerb von Ideen und Meinungen,
4. öffentliche Rechtfertigung der Regierung,
5. allgemeine Wohlfahrt und
6. Verhinderung von Tyrannei.

Das meiste davon ist allerdings auch ohne Demokratie erreichbar, wie Abromeit einräumt. Nur wenn man an den kollektiven Entscheidungen, die den eigenen Handlungsfreiraum einschränken, beteiligt ist, lebe man selbst- und nicht fremdbestimmt, was letztlich nur über das Instrument des (Veto-)Volksentscheids sicherzustellen sei – als „Korrektiv gegenüber der Arroganz von Elitekartellen und der Selbstvergessenheit komplexer und undurchsichtiger Verhandlungssysteme."

Spaßig wird es aber, betrachtet man das Organisationssystem Demokratie von unten: dann erfüllt es plötzlich die Funktion, machtbesessenen Individuen potemkinsche Dörfer mit Einwohnern zu zimmern, die sie regieren dürfen, während ihr Handeln für das Volk möglichst folgenlos bleiben soll. Ersetzen wir „Volk" durch „Wirtschaft", ist mit breiter Zustimmung zu rechnen: Konzerne unterwerfen sich ja nur protokollarisch der Macht von Politikern, um möglichst ungehindert ihr wirklich Ding zu machen. Sie führen Scheingefechte und leisten Widerstand an völlig unbedeutenden Stellen, nur um die Politiker bei Laune und im Glauben der Macht zu halten.

Dieses Modell lässt sich fürs Volk adaptieren und optimieren. Vielleicht wollen in Wahrheit ja gar nicht alle Menschen, die nicht selbst Berufspolitiker sind, beherrscht werden? Vielleicht wollen sie nur die Alphatiere aus dem Weg räumen? Das ist ihnen auch schon mit Königen und anderen Despoten gelungen, die zwar furchtbar sein konnten, aber im Idealfalle die eigene Scholle Land nie von ihren Soldaten haben plündern lassen.

Denn natürlich braucht es weiterhin Führer. Touristen verirren sich ohne Sichtkontakt zum in die Höhe gereckten Regenschirm. Lehrer würden spontan vergessen, was sie unterrichten sollen, wenn Ministerialbeamte es ihnen nicht aufschrieben. Viele Fernsehzuschauer wüssten nicht, für wen sie beim Länderspiel jubeln sollen, gäbe es nicht regelmäßig den Schwenk zur BK Merkel auf der Ehrentribüne, die einen zuverlässigen Einflüsterer hat. Und irgendwer muss die Verwaltungen führen, die Ministerien mit all ihren Unterbehörden, das geht wohl kaum per Volksentscheid.

So gesehen wäre Demokratie dann eine gute Methode, allen nach Macht strebenden Politikern ein geeignetes Pöstchen zu schaffen, das uns im besten Fall nutzt, ansonsten möglichst wenig schadet. Wenn dies gelingt, haben wir natürlich nicht der Evolution ein Schnippchen geschlagen, sondern uns ihr nur weiterhin ergeben. Das ewige Fehlverständnis der evolutionären Spielregel habe ich ja schon erläutert: Survival of the fittest bedeutet nicht, dass sich der Mächtigste durchsetzt, sondern dass diejenigen die besten Fortpflanzungschancen haben, die sich am besten der jeweiligen Situation anpassen können. Das geht auf vielfältige Weise, vor allem auch ohne körperliche Stärke.

Das meiste, was man zu Reformen der Demokratie lesen kann, will nichts grundsätzlich ändern. Bei den einen sollen sich einzelne stärker einbringen können, bei anderen Vorschlägen soll die Macht des Regierens gestärkt werden, es gibt zig Ideen zu formalen Veränderungen – nur um konkrete Politik geht es selten. Das ist, mit Wilfried Schmickler gesprochen, für mich persönlich uninteressant.

Evolutionär erfolgreich ist Demokratie, wenn sie Zukunft sichert. Einen höheren Sinn muss man darin nicht sehen, ohne Religion dürfte es auch schwer fallen, aber rückblickend ist alles Leben immer nur dann als erfolgreich anzusehen, wenn es sich neuen Umweltbedingungen angepasst und seinen eigenen Lebensraum nicht so zerstört hat, dass es endgültig vorbei ist. Angenehmer Nebeneffekt für den Einzelnen: das Leben in einer stabilen Population dürfte gemeinhin angenehmer sein als in einer gerade aussterbenden. Angesichts der ungeheuren anthropogenen Veränderungen auf dem Globus in jüngster Zeit wird sich da niemand eine Prognose auch nur für einige hundert Jahre zutrauen – was ja selbst menschheitsgeschichtlich nicht einmal ein Wimpernschlag ist, vom Leben an sich ganz zu schweigen.

Demokratie als Organisationsform, menschliches Leben auch in der Zukunft zu sichern, klingt so befremdlich nicht, ein Wust von Gesetzen soll angeblich Mittel zu diesem Zweck sein. Konterkariert wird dies freilich durch die reale Machtpolitik, der es eben nie um Zukunft geht, sondern um fettes Leben jetzt (nicht für alle natürlich, sondern für die Herrscher). Der möglicherweise evolutionsstabile Ansatz wäre daher, Politik als Dienstleistung statt als Herrschaft zu begreifen, Leiten als Dienen.[1] Und dafür scheint Demokratie keine schlechte Idee zu sein. Probiert wurde Demokratie bislang allerdings nur in Ansätzen. Da geht noch mehr – und da wird es dann auch spannend.

Kapitel 4

WAS GRUNDSÄTZLICH
ZU REGELN IST

Politik in diesem Land ist meist langweilig, oft nervig, seltenst beglückend. Das liegt an ihrer Ziellosigkeit. Alles kann, nichts muss, und so ist es für die Bürger regelmäßig eine Überraschung, was ihnen Berufspolitiker gerade wieder als neuen Heilsweg aufzeigen. Das Unions-Geeiere bei der atomaren Vermüllung Deutschlands ist ein auch für einfach gestrickte Geister gut nachvollziehbares Beispiel. Gerade noch wurde die Zukunft des Landes von der Kernenergie abhängig gemacht und deshalb eine „Laufzeitverlängerung" beschlossen, da passiert im weit entfernten Japan etwas, das statistisch einfach mal passieren muss und bei dem dann alles so abläuft, wie es zu erwarten war – und die Bundeskanzlerin Merkel verkündet für Deutschland mit der Stilllegung von acht Atomkraftwerken die „Energiewende".

Was der Politik fehlt, sind klare Leitplanken. Man sollte erwarten, dass sich diese aus der Verfassung ergeben – doch die ist in Deutschland nicht viel mehr als ein kleines Ideenbuch.

„Die Würde des Menschen ist unantastbar. Sie zu achten und zu schützen ist Verpflichtung aller staatlichen Gewalt." (Artikel 1 GG) Es sei denn, ein 62jähriger Urlauber wird „von überforderten örtlichen Polizeibeamten in der Annahme, [den Serienmörder Dieter] Zurwehme vor sich zu haben, versehentlich in seinem Hotelzimmer erschossen"[2], oder ein nackter Verrückter wird im Berliner Neptunbrunnen filmisch dokumentiert von der Polizei in Notwehr exekutiert, die sich mit ca. 12 Mann Staatsmacht nicht anders zu helfen wusste (oder auch wieder etwas gestresst war).

Die „Würde des Menschen" meint auch keine Ausländer, die ohne geeignetes Lebensberechtigungspapier schwuppdiwupp in den Abschiebeknast kommen. Schüler, in deren Klasse angeblich 5 Euro gestohlen wurden, werden von der staatlichen Gewalt entwürdigt, ohne dass der Apparat daran Anstoß nähme.[3] Würde ist halt nur so eine Idee, für lauschige Sommerabende bei einem guten Glas Rotwein.

Die freie Entfaltung der eigenen Persönlichkeit (Artikel 2 GG) findet ihre engen Grenzen in dem, was die Politik gerade als Grenze sieht. Das betrifft nicht nur die Drogenprohibition allgemein und das Rauchverbot im Speziellen (der Raucher darf selbst allein in seiner Bude oder auf einem freien Feld keine Zigarette rauchen, die mehr als 1 mg Nikotin oder 10 mg Kondensat enthält). Zur freien Entfaltung der eigenen Persönlichkeit gehört es nicht, ein Haustier zu haben, in Polygamie oder Polyandrie zu leben oder als Krankenhauspatient resp. debiler Pflegefall in einem Einzelzimmer zu liegen – der gute alte Schlafsaal bietet genügend Entfaltungsmöglichkeiten.

Der erste Absatz des Artikel 5 liest sich gut: „Jeder hat das Recht, seine Meinung in Wort, Schrift und Bild frei zu äußern und zu verbreiten und sich aus allgemein zugänglichen Quellen ungehindert zu unterrichten. Die Pressefreiheit und die Freiheit der Berichterstattung durch Rundfunk und Film werden gewährleistet. Eine Zensur findet nicht statt."

Doch die Leitlinienfunktion büßt der Grundrechtsartikel mit dem zweiten Absatz komplett ein: „Diese Rechte finden ihre Schranken in den Vorschriften der allgemeinen Gesetze, den gesetzlichen Bestimmungen zum Schutze der Jugend und in dem Recht der persönlichen Ehre." Die „allgemeinen Gesetze" sind reichhaltig und ermöglichen so über zivilrechtliche Forderungen eine Privatzensur, über das Wettbewerbsrecht eine Wirtschaftszensur und über die vielen Sicherheits- und Ordnungsgesetze Kommunikationsverbote.

Wir könnten das so weiter durchgehen. Natürlich ist die Wohnung nicht „unverletzlich" (Artikel 13), sie darf vielmehr wegen jeder Lappalie durchsucht werden; das Demonstrationsrecht (Artikel 8) kann mit simplen Auflagen der zuständigen Anmeldebehörde ausgeschaltet werden.

Als im Juni 2013 das amerikanische Abhörprogramm „Prism" und das britische Abhörprogramm „Tempora" durch Edward Snowden bekannt wurden, war deswegen auch nicht das Entsetzen, sondern die Ratlosigkeit in der deutschen Politik groß. Naja klar ist eine solche Totalüberwachung der gesamten digitalen Kommunikation schon irgendwie ein Eingriff in die Privatsphäre der Bürger.

Aber zum einen machen das ja politische Freunde, zum anderen überwachen deutsche Geheimdienste und Polizei längst auch alles, was ihnen vor Kamera oder Richtmikrofon kommt. Was soll man da Sinnvolles sagen?

Demokratisch wäre, solche Dinge mal eindeutig festzulegen. Und dann nicht nach Tageslaune zu ändern. Die Anschläge vom 11. September 2001 („9/11") wurden weltweit von Staaten genutzt, geradezu handstreichartig Bürgerrechte massiv einzuschränken – oder besser: sich selbst mehr Macht anzueignen. Es ist müßig, jetzt erneut diesen Irrsinn aufzudröseln, es ist weder den wenigen intelligenten Pressekommentatoren noch den reichlich vorhandenen guten Kabarettbeiträgen gelungen, Politiker in ihre Schranken zu weisen. Es gibt eben keine Grundregeln, es gibt keinen ehrlichen Diskurs über Lebensrisiken und angemessenen gesellschaftlichen Schutz, so wie in der Politik niemals Kosten-Nutzen-Rechnungen gemacht werden.

Angela Merkel hat mit der „schwäbischen Hausfrau" einst richtig erklärt, was die simple Grundregel für Finanzpolitik sein müsste: dass man nicht mehr ausgibt als man hat. Ergänzen wir meinetwegen: Und man darf sich nicht mehr Geld leihen, als man bis zum Ende der Wahlperiode zurückzahlen kann. Damit eben die nächsten Gewählten wieder eine ordentlich geführte, schuldenfreie Kasse übernehmen können.

Das hat fast noch nie geklappt, und wenn doch, dann war es Zufall – seit 40 Jahren jedenfalls machen die Bundespolitiker Schulden. Sie haben das selbst schon insofern als eine der Spielsucht vergleichbare Krankheit erkannt, als sie sich per Grundgesetzänderung eine Therapie verordnet haben – theoretisch jedenfalls (Art. 115 GG). Ein Entzug ist es jedenfalls nicht, schon unter normalen Bedingungen dürfen die Politiker jedes Jahr etwa 10 Milliarden Euro mehr ausgeben als sie einnehmen und die Schulden damit weiter wachsen lassen (0,35 Prozent des Bruttoinlandsprodukts); und wenn es ihnen wirtschaftlich erforderlich scheint dann gibt es wie bisher keine Obergrenze für zusätzliche Schulden. Inzwischen sind so Verbindlichkeiten beim Bund in Höhe von 1.300.000.000.000 Euro aufgelaufen. Da die mit Abstand meisten Einnahmen auch beim Bund eingehen und von dort an die Länder weitergegeben werden, kann man auch gleich auf die Gesamtverschuldung der „öffentlichen Hand" schauen: es sind offiziell 2 Billionen Euro. Die tatsächlichen Zahlungsverpflichtungen sind weit höher, weil der Staat z.B. Pensionen zahlen muss, Pflegeversicherung und Rente zu bezuschussen hat und mit vielen Verträgen Kosten in der Zukunft eingegangen ist – unterm Strich wohl mindestens 200 bis 300% des Bruttoinlandsprodukts (60% sind nach den Maastricht-Kriterien für die Eurozone erlaubt!) – Gesamtschulden also eher 6 bis 8 Billionen Euro.[4] Mit diesen Zahlen kann natürlich niemand etwas anfangen, weshalb wir alle sie auch für ungefährlich halten (außer wenn es um Griechenland und so geht). Runtergerechnet werden die Schulden verständlicher: sie liegen dann nämlich bei 100.000 Euro pro Einwohner. Da fragt man sich natürlich nicht nur, was um alles in der Welt Politiker uns für diesen Betrag gekauft haben mögen - eine fünfköpfige Familie soll ja immerhin für eine halbe Million gerade stehen! -, sondern auch, wie das zurückgezahlt werden soll. Nehmen wir groß- zügig eine durchschnittliche Erwerbstätigkeit von 40 Jahren aus und einem dauerhaft günstigen Zins- satz von nur 3%, dann muss jeder Mensch sein ge- samtes Erwerbsleben lang monatlich 2.500 Euro abdrücken, um am Ende die 100.000 Euro Kredit nebst 61.500 Euro an Zinsen getilgt zu haben. Das dürfte den wenigen Reichen sehr leicht fallen – den meisten aber unmöglich sein. Real mussten in 2012 für unsere Staatsverschuldung bei niedrigen Zinsen 55 Milliarden Euro Zinsen gezahlt werden – das sind läppische 150 Millionen Euro pro Tag oder 2750 Euro für eine vierköpfige Familie im ganzen Jahr. Diese Zinsen bleiben auch ohne Nettoneuverschul- dung weiterhin zu zahlen, da bisher kein Abbau der Schulden erfolgt. Eine Studie am Walter Eucken In- stitut der Universität Freiburg bestätigt, was der ge- meine Bürger schon lange weiß: diese gigantischen Schulden sind auch bei guter Konjunktur nicht rück- zahlbar (Burret/ Feld/ Köhler 2013).

Die Gründe für das permanente Schulden- wachstum sind hinlänglich bekannt: Berufspolitiker kaufen sich so ihre Unterstützung und machen sich die Welt, wie sie ihnen gefällt. Wer einmal seinen interessierten Blick schweifen lässt, wird überall staatliche Geldausgaben entdecken: Straßenneubau, Beschilderung, Beratungsstellen, Jugendzentren, Bi- bliotheken, Parks, THW, DRK-Katastrophenschutz, Schulen, Kindergärten, Bushaltestellen, Sportplätze usw. Interessanterweise besteht – zumindest in den Medien – kaum ein Zweifel daran, dass etwas weniger Geld auszugeben unmöglich sei. Sofort würde Deutschland auf das Level eines Drittweltstaats fallen mit Massenarmut, Migration und Millionen steinzeitlicher Höhlenmenschen.

Man kann unter solchen Umständen keine demokratische Politik machen! Denn es gibt keine Leitlinien. Alles ist möglich, wenn die Politik es will, Prioritäten gibt es nicht, alles hat seine Berechtigung, jede Lobby soll etwas bekommen. So finanzieren „wir" dann nebeneinander Mars-Missionen und den Ausbau erneuerbarer Energien – ohne Geld auch nur für eines der beiden Projekte zu haben. Es gilt nicht als geisteskrank, das „Berliner Stadtschloss" neu bauen zu wollen (weil ja interessanterweise Politiker die alten Herrscher-Bauwerke parteiübergreifend sexy finden, obwohl all ihre eigenen Neubauten dann hässliche Stahl-Glas-Beton-Konstruktionen werden, die nach 30 Jahren wieder abgerissen werden).

Eigentum verpflichtet und soll auch dem Gemeinwohl dienen, steht in unserem Grundgesetz (Art. 14 GG). Aber was bedeutet dies? Kann man dann überhaupt hektarweise Ackerland oder ganze Strom- und Abwassernetze ans Ausland verkaufen? Wieso darf der Supermarkt nach 20 Uhr seinen großen Parkplatz absperren, anstatt ihn dem Gemeinwohl zur Verfügung zu stellen?

Man könnte so vieles grundsätzlich regeln und damit den unkalkulierbaren, meist nur auf kurzfristigen Gewinn fixierten Machtspielen ein Ende setzen. Braucht ein Land, in dem die Bevölkerung kontinuierlich schrumpft und alles effizienter wird, wirklich Tag für Tag mehr bebaute Fläche? (Täglich werden in Deutschland 77 Hektar laut Ministerin Ilse Aigner bw. 100 Hektar laut BUND verbaut – pro Jahr also mehr als die Fläche Düsseldorfs oder ein Drittel Berlins.) Gibt es für diese Bebauung irgendwo eine Ziellinie? Oder ist die erst erreicht, wenn schlicht und ergreifend nichts mehr geht?

Wenn man binnen weniger Generationen alle Rohstoffe dieser Welt verbrauchen darf – Öl, Kohle, Eisen, Coltan – warum sollte dann irgendwo etwas „gespart" und recycelt werden? Wozu Wärmeschutz- und Energiesparverordnungen mit ganz erheblichen Eingriffen in die persönliche Freiheit, wenn doch offenbar ohnehin bis zum letzten Püpschen Schiefergas alle fossilen Energieträger verbrannt werden?

Hat der „ländliche Raum" eine gesamtgesellschaftliche Funktion und muss deshalb z.B. Windräder ertragen, oder ist er inzwischen komplett Wohnluxus für Landlüstige? Haben Städte eine gesamtgesellschaftliche Funktion und müssen deshalb z.B. Partys und Open-Air-Konzerte auch nach 22 Uhr ertragen?

So hampelt die Politik völlig ziellos durch die Gegend, meist auch noch ohne Unterhaltungswert. Sie bastelt in einer Bundestags-Legislatur knapp 500 Gesetze – und niemand könnte am Ende sagen, in welche Richtung sich etwas bewegt hat. Natürlich ist die Politik mit ihrer Gesetzgebung nicht folgenlos - die Bürokratie wächst, auch in der privaten Wirtschaft und beim einzelnen Bürger, die Regelungen werden immer komplexer und sind selbst für Fachleute in vielen Gebieten kaum noch zu überblicken[5] – aber diese Politik ist ziellos. Deshalb hören wir auch in jedem Wahlkampf die gleichen Themen wieder: weil nichts erledigt wird, weil nichts geklärt ist, weil nichts besser geworden ist oder weiterentwickelt wurde.

Die Politik hat die Chance gekonnt verstreichen lassen, im Zuge der deutschen Wiedervereinigung endlich das Volk in seiner Verfassung zu Wort kommen zu lassen, wie es die Präambel ja seit 1949 schon vollmundig behauptet – und was damals eine besondere Unverschämtheit war.[6] Jedenfalls bräuchte jede Demokratiereform in Deutschland zunächst mal genau dies: eine Verständigung auf klare Grundsätze. Wie viel Eigenverantwortung dürfen die Bürger tragen, ab wann müssen sie staatlich bevormundet werden? Welche Tragweite dürfen politische Entscheidungen haben? Gibt es überhaupt einen „Generationenvertrag", eine Verpflichtung gegenüber nachfolgenden Generationen? Oder ist das alles Moralin-Mumpitz und es reicht, dass die Party im Moment gut läuft?

1962 wurde das erste kommerzielle Atomkraftwerk zur Stromerzeugung in Deutschland in Betrieb genommen, obwohl klar war, dass eine Störung verheerende Folgen haben kann und obwohl niemand wusste, wohin mit dem „Atommüll". Ein halbes Jahrhundert und einen beschlossenen „Ausstieg" später sind immer noch neun AKW am Netz, das Risiko ist immer noch unkalkulierbar und die Suche nach einem Endlager ist gerade wieder, zufällig zur

Wahlkampfzeit, verschoben worden. Dafür sind die Bedingungen immerhin klar: das Endlager soll für eine Million Jahre sicher sein![7] Eine Million Jahre, das ist der Zeitraum, den Berufspolitiker zu überblicken meinen, und das mindestens seit 1962. Nur so zur Orientierung: eine Millionen Jahre in die andere Richtung geblickt werden wir keinen behände die Zukunft planenden Berufspolitiker erspähen, weil es da noch lange überhaupt keinen Homo sapiens gab, selbst der Neandertaler schlummerte noch im evolutionären Baukasten. Aber wir nutzen heute eine Technik, deren Abfall erst in einer Million Jahre ungiftig ist. Für wie viele Generationen können Politiker (oder auch Bevölkerungen) entscheiden? Wie viel Freiheit darf Politik den heute Lebenden und – besonders schwierig – den künftig Lebenden wegnehmen, und zu welchem Preis? Die Vorschriften für die Endlagersuche wollen uns glauben machen, Politiker trügen Verantwortung für die nächsten 20- oder 30.000 Generationen; dabei muss man in vielem zweifeln, dass sie auch nur für eine einzige Generation verantwortlich zu handeln im Stande sind.

Wenn ich Ihnen gleich ein Demokratiemodell für Deutschland vorstelle, bitte ich zu bedenken, dass dafür zwingend solche Grundregeln nötig sind. Es braucht einen klar abgesteckten Rahmen, in dem Politik agiert. Was außerhalb davon liegt, liegt außerhalb des politischen Kompetenzbereichs. Die meisten der in Sommerlöchern jungferngezeugten Schnapsideen würden dank klarer Grundregeln auf dem Bierdeckel verbleiben, auf dem die Mutter ihren Gedanken abgelegt hat.

Kapitel 5

DEFIZITE UNSERER „PARLAMENTARISCHEN DEMOKRATIE"

Demokratie an sich

Demokratiekritik ist derzeit in. Hatte Willy Brand in seiner Regierungserklärung am 28. Oktober 1969 noch den Slogan „mehr Demokratie wagen" ausgegeben, muss man heute kein rechter oder linker Spinner sein, um Demokratie als fehlerhaftes System zu geißeln – und zwar allgemein, nicht nur die konkrete Gestalt. Allerdings gerät dabei einiges fundamental durcheinander.

Den meisten Kritikern passt einfach das nicht, was Politik derzeit leistet – und damit sehen sie die Demokratie diskreditiert. Andere befürchten, wenn es „noch demokratischer zuginge" Ergebnisse zu erhalten, die ihnen nicht gefallen. Deshalb sind viele gar nicht nach Diktator oder dessen Untertan riechende Menschen gegen direkte Demokratie, also die Möglichkeit, als wahlberechtigte Bevölkerung letztlich selbst über einzelne Politikbereiche abzustimmen. Der eine hat Angst vor Steuersenkungen und der für ihn damit zwangsläufig verbundenen

„Abschaffung des Sozialstaats", ein anderer befürchtet „Laissez-faire" und damit „Überfremdung", Kulturverlust, „Herrschaft des Pöbels"[8].

Nicht für Demokratie zu sein bedeutet in jedem Fall: Diskriminierung. Das ist zunächst wenig erschreckend, aller „Political correctness" zum Trotz diskriminieren wir alle täglich und ständig, d.h. wir unterscheiden aufgrund simpelster Merkmale über unser weiteres Verhalten: wollen wir jemandem vertrauen oder nicht, ist uns jemand sympathisch, wen nennen wir Freund und wen nur Kumpel, welchen Artikel, welchen Kommentar, welche Meinung sind wir überhaupt bereit zu prüfen – wir diskriminieren. Wir unterscheiden meist in Sekundenbruchteilen, was wir gut und was wir schlecht finden, was uns interessiert und was nicht. Das gilt auch für unsere Beschäftigung mit Politik (weshalb so viele interessante Argumentationen wirkungslos bleiben, denn sie werden entweder nicht zur Kenntnis genommen oder ungeprüft als Beleg für oder wider etwas gedanklich abgeheftet).

Gegen Demokratie zu sein ist allerdings eine besonders weitreichende Diskriminierung, denn es wird der gesamten (wahlberechtigten) Bevölkerung unterstellt, nicht im Stande zu sein, ihr Zusammenleben sinnvoll zu organisieren. Die Behauptung: Dafür braucht es Experten, Auserwählte, besondere Typen.

Unsere real existierende Demokratie baut erstaunlicherweise selbst auf eben dieser Diskriminierung auf. Das Volk soll nicht selbst entscheiden, sondern Vertreter wählen, die dann entscheiden. Allerdings entscheiden auch diese Vertreter nur wenig, sondern sie lassen eine kleine auserwählte Schar bestimmen und nicken deren Ideen dann pro forma noch ab.

Das ist eine grobe Vereinfachung, weil sie die „internen" Kommunikationsstrukturen der Politik ausblendet, aber das Ergebnis stimmt: Zwischen Volkes Willen und politischer Entscheidung werden Zwischeninstanzen gebaut, theoretisch zur Qualitätsverbesserung. Das Volk darf zwar wollen, aber nicht unmittelbar entscheiden.

Der vollmundige Titel dieses Buches legt nahe, dass ich die praktizierte Weise der Entscheidungsfindung und Repräsentanz nicht für Demokratie halte, – aber es ist müßig darüber zu streiten (wenngleich in der Politikwissenschaft gar nicht unüblich). Für den Moment wäre schon viel gewonnen zu akzeptieren, dass es sehr unterschiedliche Demokratieformen gibt. Nur dann ist es möglich, einzelne Fehler, Missstände oder Fragwürdigkeiten beheben zu wollen, ohne eine angeblich derzeit herrschende Demokratie gegen ein neues, noch viel fragwürdigeres Modell tauschen zu müssen.

Die vielen „demokratiekritischen" Bücher unserer Zeit[9] zeigen jedenfalls nicht zu Unrecht (aber keinesfalls vollständig) auf, worüber man diskutieren muss.

Hat die Mehrheit immer recht?

Mit der Mehrheit ist natürlich stets höchstens die Mehrheit der Abstimmenden gemeint (weil in jeder derzeitigen Demokratie die anderen Einwohner unberücksichtigt bleiben, ob sie nun wahlberechtigt sind oder nicht). Besondere Verfahren wie das Mehrheitswahlrecht machen aber auch Konstellationen möglich, bei denen nicht einmal die Mehrheit der (gültig abgegebenen) Stimmen am Ende die Mehrheit eines Parlaments bildet.

Die Antwort jedenfalls ist eindeutig: natürlich Nein! Die Mehrheit hat nicht immer recht.

Dabei geht es gar nicht um die philosophische Frage, was denn wohl richtig oder „recht" sein könnte, wer das definiert bzw. aus welchem Blickwinkel und aus welcher Zeit man das evaluieren wollte. Viele sehr simple Beispiele zeigen, dass Mehrheiten nichts mit Richtigkeit zu tun haben. Ob einst die Erde für eine Scheibe gehalten wurde, ob man derzeit über die Verantwortung des Menschen für den Klimawandel abstimmen lassen würde oder ob wir die Frage stellen, welche Farbe denn nun die schönste auf der Welt sei: die Antwort der Mehrheit hat nicht zwingend etwas mit richtig, zutreffend oder auch nur wünschenswert zu tun.

Aber das meint Demokratie ja auch gar nicht. Demokratie verlangt gar nicht, dass sich ständig alle über alles Gedanken machen und dazu Entscheidungen treffen, sondern, dass alle am Ende damit leben können, weil die Entscheidung auf eine Weise getroffen wurde, die es nicht möglich macht zu sagen: „Hätte ich doch nur auch noch das Wort ergreifen können, dann wäre alles anders und besser gekommen." Oder ethologisch betrachtet: das Ordnungssystem muss mich davon überzeugen, den bestimmten Leitern, Vordenkern und Entscheidern vertrauen zu können, ohne dass ich damit hinter meinen Möglichkeiten bleibe (denn in diesem Fall verweigere ich die Gefolgschaft, hinterziehe Steuern, sortiere den Müll nicht mehr, parke das Auto falsch – oder tue Schlimmeres).

Genau diese Bedingung erfüllt aber die repräsentative Parteiendemokratie nicht! Der Unmut – auch der Wähler! – ist deutlich zu spüren. Es ist ganz und gar unredlich, aus heutigen Entscheidungen der Politik zu folgern, die Mehrheit habe das so gewollt – und deshalb habe es allen recht zu sein. Der Begriff Demokratie wird an dieser Stelle missbraucht.

Demokratie bedeutet: Herrschaft der Mehrheit über die Minderheit

Ja, das ist wohl so. Und es wird immer von denen nicht als Fehler angesehen, die sich bei der Mehrheit wohl fühlen. Wer anderen etwas klaut ist ein Dieb und muss dafür verurteilt werden – das steht nicht erst seit gestern öffentlich außer Frage. Dabei ist es die willkürliche Festsetzung einer Mehrheit, die „Diebstahl" dann auch noch nach Belieben definiert. Die Annexion von fremdem Land wird als Naturrecht des Stärkeren gesehen, so sind unsere Staaten entstanden, und so darf es auch weitergehen. Keine Ortschaft, kein Landkreis und kein Bundesland kann legal aus Deutschland austreten – „gehört mir, behalte ich" sagt da die Mehrheit. Schließlich sollte ja dann die Mehrheit zufrieden sein – was besser ist, als wenn nur eine Minderheit zufrieden ist.

Aber Demokratie muss nicht bedeuten, dass eine Minderheit immer benachteiligt wird. Denn darauf, genau dies nicht prinzipiell zu tun, kann und muss

man sich in einer Demokratie ja verständigen. Und
das ist weit naheliegender, als es heute den Anschein
hat. Denn denkt man nicht nur an Einzelregelungen
(z.B: „die Reichen sollen (alles/ viel) abgeben" oder:
„Die Arbeitslosen müssen Frondienste leisten") wird
schnell klar, dass man ja selbst zu der Minderheit gehören könnte, über die dann willkürlich bestimmt
würde. (Und auch das geht schneller als man denkt:
mal war der Homosexuelle in der unterdrückten, il-
legalisierten Minderheit, dann der Raucher, morgen
sind es vielleicht der Fahrradfahrer, die Hetero-
Großfamilie oder schon lange der Bauer.)

Also bietet es sich an, grundsätzliche (gerne auch:
abstrakte) Regelungen zu finden, die in jedem Einzelfall gelten sollen. Das geht in einer Demokratie.
Aber es verlangt eben, losgelöst vom Einzelfall und
damit den Eigeninteressen zu überlegen. Es reicht
z.B. nicht zu sagen, man wolle keine Nazi-Aufmär-
sche im Land haben. Man muss dann schon allgemeiner definieren, welche Form von Demonstration,
Versammlung oder Kundgebung man nicht akzeptieren will. Da wird es nicht genügen zu sagen: „Wer
Glatze trägt, darf sich nicht unter freiem Himmel
versammeln." Denn dann protestieren zurecht alte
Herren, Redskins und mein 40jähriger Nachbar.

Der erfolgreiche bayerische Volksentscheid „Für
echten Nichtraucherschutz!" (4. Juli 2010) war kein
„Sieg der Vernunft", sondern ein Tiefpunkt in der
Volksgesetzgebung, die Fortsetzung orientierungs-
loser Politik außerhalb des Parlaments. Ohne grundsätzliche Regelungen, wie in die Rechte anderer
(zwangsläufig: Minderheiten) eingegriffen werden

darf, führen Mehrheitsentscheidungen stets zu viel Frustration.

Solche allgemeingültigen Regeln gibt es kaum, und deshalb sind alle Einzelentscheidungen interessengeleitet und damit höchst subjektiv und zufällig; einzige Konstante: sie sollen die Herrschenden stützen. Wahlrecht ab 16, Alkohol erst ab 18, Kerosinsteuer rauf oder Mehrwertsteuer runter – Zustimmung oder Ablehnung bemessen sich daran, welchen Gruppen es zu mehr Macht verhelfen wird.

Das ist aber kein demokratisches Prinzip. Demokratie verlangt, dass man sich zunächst über Grundlegendes verständigt, bevor man in die Einzelabstimmung geht.[10] Das unterscheidet vom Despotismus, von einer Willkürherrschaft.

Gegen die Herrschaft der Mehrheit über die Minderheit(en) soll bekanntlich unsere Parteienherrschaft[11] schützen (als repräsentative oder parlamentarische oder indirekte Demokratie[12]), ausgehend von der unglaublich anmaßenden Idee, gewählte Politiker entscheiden vernünftiger und rücksichtsvoller als das Volk selbst. Das funktioniert offenbar nicht gut – ist aber kein Systemfehler demokratischer Ideen: die gerechte, Minderheiten schützende Diktatur soll erst mal jemand finden.

Gewaltenteilung

Die horizontale Gewaltenteilung der Staatsmacht in die drei Bereiche Gesetzgebung (Legislative), vollziehende Gewalt bzw. Verwaltung (Exekutive) und Rechtsprechung (Judikative) ist in der Praxis weit weniger sichtbar, als es die Theorie (Art. 20 GG) nahelegt. Denn in allen drei Bereichen haben die Parteien das Sagen, und ein Wechsel zwischen den Organen ist für Spitzenfunktionäre absolut üblich, Legislative und Exekutive werden oft sogar von den selben Personen vertreten. Die meisten Minister sind zugleich Abgeordnete ihres Parlaments und bestimmen so selbst die Regeln, nach denen sie dann exekutiv tätig werden. Gesetzesvorlagen entstehen überwiegend nicht im Parlament[13], sondern in den Ministerien. Alle obersten Richter werden von der Politik benannt (Bundestag, Bundesrat, Justizminister), Staatsanwälte unterstehen dem jeweiligen Justizministerium (also der Exekutiven).[14] Es gibt also keine unabhängige Justiz und keine Trennung von Amt (Exekutive) und Mandat (Legislative).

Auch die vertikale Gewaltenteilung in Bund, Länder und Gemeinden weist erhebliche Mängel auf, vor allem auf der untersten Ebene. Denn gerade dort, wo individuelle Entscheidungen sinnvoll sein können, weil „die Menschen vor Ort" am besten wissen, was sie wollen und was für sie gut ist, gibt es kaum Entscheidungsbefugnisse. Entgegen der journalistischen Sprachpraxis existieren in Deutschland keine „Stadtparlamente" o.ä., denn unterhalb eines Landtags gibt es keine Gesetzgebungskompetenz. Der Handlungsspielraum der Kommunen ist durch eine Vielzahl von Gesetzen und Verordnungen eingeschränkt, viele lokale Entscheidungen bedürfen der Genehmigung übergeordneter Verwaltungsebenen (z.B. Landkreis oder Regierungspräsidium).

Ein besonderes Problem der Gewaltenteilung kommt mit unserer zweiten Kammer ins Spiel, dem

Bundesrat. Als Vertretung der Länder soll er dem Föderalismus Rechnung tragen, für eine Verbindung zwischen Bund und (einigermaßen) eigenständigen Ländern sorgen. Tatsächlich wird er jedoch überwiegend parteitaktisch eingesetzt: haben die Regierungsparteien nicht auch im Bundesrat eine Mehrheit, droht Blockade. Und weil Länder nur einheitlich abstimmen können, kommt es zu weiteren irrationalen Entscheidungen, denn in der Regel wird im Koalitionsvertrag vereinbart, dass sich das Land im Bundesrat seiner Stimme enthält, wenn die Koalitionsparteien unterschiedliche Positionen vertreten[15]. Mit einer Entscheidung im Sinne der Bürger hat das wenig zu tun – zumal individuelle Länderinteressen kaum erkennbar sind (und dann auch kaum durchsetzbar wären); sollte der Bundesrat als Länderkammer einfach darüber wachen, dass der Bund mit Gesetzen nicht an der falschen Stelle bei den Ländern eingreift oder ihnen Aufgaben ohne entsprechende finanzielle Ausstattung überträgt, wäre keine Vertretung von Parteien nötig. Und von der Systematik her ist es natürlich ohnehin komisch, dass über den Bundesrat an der Gesetzgebung wieder die Exekutive beteiligt ist und bei zustimmungspflichtigen Rechtsverordnungen[16] sogar mehr Einfluss hat als das eigentliche Parlament.

Zudem schaffen die Landesregierungen de facto eine eigene bundesweite Gesetzgebung. Auf eher informeller Ebene beobachten wir das seit langem im Bildungsbereich. Von Eigenständigkeit der Länder, von Wettbewerb und Profilbildung keine Spur, stattdessen Vereinheitlichung – alles soll in

allen Ländern gleich sein. Rechtlich bindend wird
es bei Staatsverträgen, die die Länder untereinander
schließen.[17] Deshalb müssen wir in ganz Deutschland einheitlich für den öffentlich-rechtlichen Rundfunk zahlen, obwohl er keine Bundesaufgabe ist.
Die Länder einigen sich im „Rundfunkstaatsvertrag"
(der alle Nase lang geändert wird) auf das, was in
ganz Deutschland gelten soll. Dagegen hilft keine
Petition beim Bundestag.

So oder so – die Gewaltenteilung mit drei klar
erkennbaren Säulen gibt es nur im Sozialkundeun-
terricht, aber nicht in der deutschen Wirklichkeit.
Deswegen läuft auch nicht alles so gut, wie es die
Theorie vorsieht.

Parteien

„Die Parteien wirken bei der politischen Willensbildung des Volkes mit." Laut Art. 21 GG sind Parteien nur einige Akteure unter vielen – sie werden
im gesamten Grundgesetz auch an keiner weiteren
Stelle erwähnt (und weil sie das etwas mickrig
fanden, haben sie im Parteiengesetz etwas dicker
aufgetragen[18]). Die Realität sieht bekanntlich anders
aus. Wer immer politisch Einfluss nehmen will,
wendet sich an die Parteien bzw. deren Mitglieder
in den Verwaltungsgremien und Parlamenten, wer
selbst „leitend" oder „gestaltend" tätig werden will,
tritt einer Partei bei.

Aber auch, dass die Parteien insgesamt überhaupt zur Willensbildung beitragen, muss bestritten
werden. Denn dem liegt ja wohl die Idee zugrunde,
dass in allen Ortsvereinen und sonstigen Gremien

einer Partei neue Ideen entwickelt und diskutiert werden, so dass es die besten von ihnen schließlich in Wahlprogramme oder Regierungs- bzw. Oppositionspolitik schaffen. Tatsächlich aber ist es so, dass die meisten Parteipositionen an der Spitze formuliert werden – ausgehandelt mit Verbündeten und Widersachern – und dann nach unten durchgereicht werden, wo das parteipolitische Fußvolk diese im Straßenwahlkampf, bei Kundgebungen, in Leserbriefen und bei Reden in Provinzgremien vertreten soll. Obwohl die meisten Themen zunächst nur lokal relevant sind – von der Kindergärten- bis zur Trinkwasserversorgung – entstehen die gesetzlichen Vorgaben dazu in den politischen Profibetrieben. In unserer Parteiendemokratie herrschen nicht einmal die Parteien insgesamt, sondern nur deren Berufsmitglieder – weshalb der Politologe Elmar Wiesendahl auf einem parteipolitischen Kongress mutig von „Berufspolitikerherrschaft" sprach (2012: 135f). Doch die Herrschaft derer, die mit Politik ihren Lebensunterhalt (und vielleicht manches mehr) verdienen, fordert die für ihre Mitgliedschaft auch noch zahlenden Parteiler nicht etwa zum Widerstand heraus, sondern lässt sie ihre Galionsfiguren bejubeln und deren Argumentation ohne große Gedankenanstrengung folgen. Parteien wirken daher wohl nur wenig bei der Willensbildung mit, dafür um so mehr bei der Meinungsverbreitung, der Werbung für politische Programme, Standpunkte und Sichtweisen.

Der Einfluss der Parteien ist so gewaltig, dass er sich hier nicht annähernd skizzieren lässt, zumal

Parteistrukturen durchgängig von der Orts- bis auf die Europaebene vorhanden sind und somit Politiker: Parteipolitiker sitzen in den Programmgremien des öffentlich-rechtlichen Rundfunks und in den Kontrollgremien des Privatrundfunks, sie haben mit ihren staatlich finanzierten Stiftungen eigene Bildungsinstitutionen, sie tauchen in allen höheren Kirchengremien auf und in der Leitung vieler großer Vereine und Verbände; über ihre Nachwuchsorganisationen sitzen sie in den „Selbstorganisationsgremien" der Jugendverbände (über die in erster Linie Geld verteilt wird). Viele Abgeordnete gehen Nebentätigkeiten nach (verboten ist das nur Regierungsmitgliedern), die sie nicht trotz, sondern wegen ihres Mandats ausüben. „Aber egal, ob es um die Leitung einer staatlichen Bank, die Direktion einer landeseigenen Brauerei, den Vorstand einer Flughafengesellschaft oder den Vorsitz bei einer öffentlich-rechtlichen Lottogesellschaft geht, fast immer erhalten ohne transparentes Bewerbungsverfahren die Parteigänger der jeweils einflussreichsten Fraktion den Posten [...]", kommentiert der Technikphilosoph Günter Ropohl.[19] Weil von Parlament über Regierung bis zu den Obergerichten, in den Ämtern, Verbänden und Körperschaften des öffentlichen Rechts, weil überall Parteipolitiker in Führungspositionen sitzen, sind die Parlamentsparteien die Rekrutierungsorgane für sämtliches Personal des staatlichen oder öffentlichen Bereichs, und alle politischen Entscheidungen werden in Parteien wesentlich bearbeitet.

Parteiengesetz

„Mit dem Parteiengesetz verfügen die Parteien auf dem Umweg über den Gesetzgeber über sich selbst. Von ihren Rechten ist ziemlich eindrucksvoll die Rede, wenn auch der tatsächliche Umfang ihres Einflusses bei weitem nicht erfasst ist. Die festgelegten Pflichten sind dürftig genug und beziehen sich im wesentlichen auf organisatorische Verfahrensfragen." (von Weizsäcker:1992, S. 140)

Diese Kritik des ehemaligen Bundespräsidenten Richard von Weizsäcker ist auch 20 Jahre später noch gültig. Mit dem Parteiengesetz haben sich die Parteien selbst für alle gesellschaftlichen Fragen zuständig erklärt und gönnen sich deshalb auch eine üppige Finanzierung, 2012 immerhin 150 Millionen Euro. Etwa dreimal so groß ist der Betrag, den sie ihren parteinahen Stiftungen aus dem Bundeshaushalt zukommen lassen, im Jahr 2010 waren es 421 Millionen Euro (Bundesrechnungshof 2011: 161f). Damit lässt sich eine ganze Menge Meinung machen.

Demokratische Vorgaben gibt es für die Parteien wenige. Deshalb fordert der emeritierte Politologe Elmar Wiesendahl beispielsweise die Urwahl für alle innerparteilichen Funktionen und öffentlichen Ämter (Wiesendahl 2012: 151). Eine solche Beteiligung aller Parteimitglieder würde das Machtkartell der Parteispitzen durchbrechen und die Personalauswahl demokratisieren.

Berufspolitiker

Politik als Beruf zu betreiben bedeutet wie in jedem anderen Job auch, seine Karriere zu gestalten. Bereits im 2. Kabinett Kohl ist ab Ende 1984 Wolfgang Schäuble vertreten – als Chef des Bundeskanzleramtes. Das ist erschreckend lange her (ich hoffe auf zwei, drei Leser, die da noch gar nicht geboren waren), und doch ist dieser Wolfgang Schäuble bis heute fast täglich in den Nachrichten präsent. 1991 taucht Angela Merkel in der Regierung auf – als politische Seiteneinsteigerin übernahm sie das Ministerium für Frauen und Jugend. Wer hätte damals gedacht...? Niemand, aber es ändert nichts an der Tatsache, dass Frau Merkel seit 22 Jahren in der Bundespolitik agiert, seit mehr als einer Dekade in beschwerlichem Umfang. 1992 kam Sabine Leutheusser-Schnarrenberger als Bundesjustizministerin auf die Bühne, als solche steht sie dort 20 Jahre später immer noch (gut, es gab Pausen zwischendrin). Seit meinen ersten intensiveren Zeitungskontakten ist mir Guido Westerwelle gegenwärtig, der 1983 Vorsitzender der Jungen Liberalen wurde und der ab 1994 FDP-Generalsekretär war – spätestens seitdem kennt ihn jeder, der Parteipolitik wenigstens für einige Minuten am Frühstückstisch verfolgt. Sind diese Menschen – und man könnte ja viele weitere nennen – allesamt so toll, großartig und unverzichtbar für Deutschland, dass sie so lange und kontinuierlich die Politik bestimmen? In der Musik gibt es niemanden, der für mich über eine so lange Zeit auch nur annähernd von gleicher Bedeutung geblieben wäre, bei den Journalisten schon dreimal nicht (ist da überhaupt jemand als Person wichtig? präsent schon, aber wichtig?).

Wie gut muss eine Musikgruppe sein, um 20 oder gar 30 Jahre in den Charts zu sein? Politiker müssen dafür jedenfalls keine Platten verkaufen, sie müssen noch nicht einmal von uns Bürgern gewählt werden. Denn dank der parteiintern ausgehandelten[20] Landeslisten bekommen alle innerparteilich für wichtig gehaltenen Persönlichkeiten sichere Plätze im Parlament – es muss nur noch die Partei überhaupt über die 5-Prozent-Hürde kommen.

Die Bedeutung der Parteien für die Personalauswahl kann man sich gut am Spitzenamt „Bundeskanzler" vor Augen führen: derzeit muss man für diesen Posten in jedem Fall der CDU/CSU oder SPD angehören. Wer einer anderen oder gar keiner Partei angehört, wird unabhängig von seiner Qualifikation nicht Kanzler(in) werden – oder andersherum: wäre Gerhard Schröder 1963 nicht der SPD, sondern der FDP beigetreten, hätte er sich das Rütteln am Zaun des Kanzleramtes sparen können. Aber natürlich spricht karrieretechnisch auch einiges für die kleineren Parteien: man kann da aufgrund der geringeren Konkurrenz schneller etwas werden.

Politik als Beruf zu betreiben schafft jedenfalls Abhängigkeit – man ist seiner „Firma" verpflichtet, wie jeder Angestellte. Die finanzielle Versorgung nach dem Ausscheiden aus dem Parlament ist weit geringer, als sich das die meisten vorstellen: das sogenannte Übergangsgeld gibt es einen Monat lang je Jahr als Abgeordneter – wer nach einer Legislatur ausscheidet, erhält es also für (nur) vier Monate,

wobei schon ab dem zweiten Monat alle anderen Ein-
künfte mit dem Übergangsgeld verrechnet werden.
Die längste Förderungsdauer beträgt anderthalb
Jahre (also nach 18 Jahren oder beliebig mehr im
Bundestag). Das ist für nicht wenige ein tiefer Fall[21],
auch wenn die Zahl der offiziell arbeitslos gemel-
deten Ex-Parlamentarier gering ist (Kreiner 2006).
Man muss also davon ausgehen, dass Politiker in
ihrem Job die üblichen Kompromisse machen, die
Erwerbstätigkeit so fordert – für Menschen, die eigentlich nur dem Gemeinwohl verpflichtet sein
sollen, weil sie stellvertretend für alle Bürger handeln, ein nicht ganz kleines Problem.

Einen enormen und für uns Bürger sehr schäd-
lichen Vorteil haben Politiker allerdings, egal ob
sie hauptberuflich oder ehrenamtlich tätig sind:
sie haften nicht für ihr Tun. Wer einem unsinnigen
Projekt zugestimmt und damit Millionen- oder gar
Milliardenbeträge ausgegeben hat, kann nicht in Re-
gress genommen werden. Auf kommunaler Ebene
kann wohl jeder zig Beispiele benennen, die unabhängig von der parteipolitischen Präferenz als Geld-
verschwendung bezeichnet werden müssen. Am
Beispiel der Schulden hat Paul Kirchhof aufgezeigt,
dass es in der Politik oft nicht mit rechten Dingen
zugeht: „Die [...] Regierungen sehen sich gedrängt,
das Recht als Fessel einer effizienten Stabilisierung
abzuschütteln, bewahren sich aber das Bewusstsein,
dass die Krise durch Rechtsvergessenheit verursacht
worden ist, sie nur durch ein Zurück zur Rechtmäßigkeit überwunden werden kann." (Kirchhoff 2012:
77)

Wenn ein Gesetz aufgrund taktischer (und karrieristischer) Spielchen nicht beschlossen wird, sondern Schleifen dreht in den vielen Gremien, kann niemand dagegen klagen (wie das bei einer verschleppten Behördenentscheidung hingegen schon möglich ist). Nach der einmal erteilten Genehmigung für genmanipuliertes Saatgut müssen alle mit den Folgen leben – kein Parlamentarier übernimmt die Haftung dafür. Politik wird oft für kurzfristige Gewinne gemacht - für Wahlgewinne, Reputationsgewinne, Freundschaften, Gefälligkeiten. Wird irgendwann offenbar, dass diese Politik zum Nachteil und nicht zum Nutzen der Allgemeinheit war – Pech für Egon, Emil und Emilia.

Wenn im Bundestag die jeweils bestmöglichen Entscheidungen getroffen würden, müsste jedes Änderungsgesetz mit einem persönlichen „Mea Culpa" aller Abgeordneten beginnen. „Ja, wir haben gefehlt, wir haben Dinge falsch eingeschätzt, wir haben sie schlecht geregelt, wir waren engstirnig oder blauäugig oder regierungshörig, jedenfalls haben wir ein unzureichendes, fehlerhaftes oder ungerechtes Gesetz beschlossen, was wir hiermit in tiefer Demut korrigieren wollen." Auf ein solches Schuldbekenntnis werden wir noch lange warten – obwohl die negativen Folgen von fehlenden oder schlechten Gesetzen für Einzelne gar nicht überschätzt werden können. Aber Gesetzgebung ist eben Teil der Karriereplanung von Politikern. Das weit verbreitete „Ohnmachtsgefühl", „die da oben" machten doch eh, was sie wollen, gründet in der Kommerzialisierung der Politik; wo es um Geld, Macht und Einfluss für den einzelnen Abgeordneten oder seine Firma geht, muss der immer wieder erflehte „gesunde Menschenverstand" eben mal hintanstehen.

Wahlrecht

Das mit unserer „personalisierten Verhältniswahl" verbundene Problem von „Überhangmandaten" ist aufgrund breiter Diskussion bekannt, angesichts anderer Defizite aber nicht sehr brisant. Denn fragwürdig ist nicht, ob bei einer sehr knappen Mehrheitsbildung die Parlamentssitze exakt dem Verhältnis der Wählerstimmen entsprechen, sondern ob sich auf einer knappen Mehrheit eine vier Jahre während Herrschaft aufbauen darf, – denn in der Regel stützen die Abgeordneten monolithisch „ihre" Regierung und verwerfen alle Ideen der Opposition.

Weit gravierender ist, dass der Wähler mit dem Angebot leben muss, welches die Parteien intern ausgehandelt haben: da das Panaschieren und Kumulieren in Deutschland auf Bundes- wie Landesebene (außer in Bremen und Hamburg) verboten ist (bzw. mangels mehrerer Stimmen nicht zur Verfügung steht), muss der Wähler mit dem Votum für eine Partei auch deren Personalauswahl akzeptieren. Schon 1966 schrieb Karl Jaspers („Wohin treibt die Bundesrepublik?"): „Auf die Frage, ob unser Staat eine Demokratie sei, pflegt die Antwort selbstverständlich zu sein: Ja, eine parlamentarische Demokratie. [...] Wie aber sieht das in der Realität aus? Die Verfasser des Grundgesetzes scheinen vor dem Volke Furcht gehabt zu haben. Denn dieses Gesetz schränkt die Wirksamkeit des Volkes auf ein Minimum ein. Alle vier Jahre wählt es den Bundestag. Die ihm von den Parteien vorgelegten Listen oder Personen sind schon vorher durch die Parteien gewählt. [...] Man muss Parteimitglied sein, um bei dieser Wahl irgendwo mitwirken und um aufgestellt werden zu können. Auch wer Parteimitglied ist, hat als solches eine geringe Wirkung bei den Nominierungen. Entscheidend wählen die Parteihierarchie und Bürokratie. [...] [Der Wähler] wählt die, die schon gewählt sind, und hat nur noch Einfluss auf die Zahl der von der Partei schon Gewählten, die die Parlamentsmitglieder werden."[22]

Und natürlich müssen die Wähler das gesamte Parteiprogramm akzeptieren, einschließlich aller noch nicht bekannten Positionsänderungen, die sich ja regelmäßig völlig überraschend kurz nach der Wahl ereignen, und zwar bei Regierungs- wie Oppositionsparteien.

Das Wahlrecht ermöglicht keine differenzierten Sachentscheidungen – auch wenn im Wahlkampf regelmäßig einige Themen so herausgestellt werden, dass man meinen könnte, darüber abzustimmen. Es erlaubt nicht einmal eine Aussage zu treffen über gewünschte oder abgelehnte Bündnisse. Wenn keine Partei die absolute Mehrheit erlangt, wird praktisch immer eine Koalition zur Sicherung einer klaren Parlamentsmehrheit gebildet. Damit werden die jeweiligen Wahlprogramme durch einen Koalitionsvertrag ersetzt und der Wähler bekommt mit Sicherheit etwas anderes, als er bei Abgabe seiner Stimme gehofft hatte.

Entsprechend ändert sich das Personal im Parlament auch nur bescheiden – in den vergangenen fünf Legislaturperioden immer zu weniger als einem Drittel; 69 bis 75% der Abgeordneten wurden mindestens zum zweiten Mal gewählt. Das Drittel neuer Parlamentarier wird dabei wesentlich dadurch begründet, dass Amtsvorgänger schlicht nicht mehr kandidiert haben, also aufgrund ihrer eigenen Entscheidung ersetzt werden mussten – unabhängig vom Wählervotum.

Ebenfalls wenig ausrichten können die Wähler mit ihrer Erststimme, mit der sie bei Bundestagswahlen einen Parlamentarier aus ihrem Wahlkreis küren. Gewählt ist, wer die meisten Stimmen erhält. Die Stimmenmehrheit bekommt auch bei der Erststimme meist der Kandidat oder die Kandidatin der aus der Zweitstimmenwahl am stärksten hervorgehenden Partei – also in den allermeisten Wahlkreisen der CDU/CSU oder SPD.[23] Kandidaten der kleineren Parteien oder gar Parteilose schaffen es so gut wie nie über die Erststimme in den Bundestag.

Nur theoretisch ist es sehr einfach in den Bundestag zu kommen: man benötigt in seinem Wahlkreis 200 Unterstützerunterschriften und meldet sich rechtzeitig – schon steht man auf dem Wahlzettel. Allerdings hat es in den vergangenen 60 Jahren nicht ein einziger Bewerber geschafft, auf diese Weise ohne Parteibackground in den Bundestag zu kommen. Selbst als Mitglied einer etablierten Partei, die nicht CDU oder SPD heißt, ist es fast aussichtslos, das Wahlkreismandat zu gewinnen und so in den Bundestag einzuziehen. Im Osten konnte die

Linke einige Wahlkreismandate gewinnen, in Berlin-Kreuzberg holte Hans-Christian Ströbele dreimal in Folge das einzige grüne Direktmandat, für die FDP konnte Uwe Lühr 1990 das letzte Mal einen Wahlkreis für seine Partei entscheiden. Die Möglichkeit, als unabhängiger Kandidat quer zu allen Parteistrukturen in den Bundestag zu kommen, ist also theoretisch gegeben, praktisch aber bedeutungslos. Das liegt auch am Wahlrecht: denn gewählt ist, wer die meisten Stimmen bekommt – bei fünf oder sechs Kandidaten können da schon etwas mehr als 20 Prozent genügen. Wer einen Außenseiter unterstützen möchte läuft damit Gefahr, dass seine Stimme quasi verpufft ist und nicht zur Wahl des „kleineren Übels" geführt hat.[24]

Sollte es einem unabhängigen Bewerber doch gelingen in den Bundestag zu kommen, wird er dort allerdings die Ungleichheit der Abgeordneten schmerzlich spüren. Denn er gehört keiner Fraktion an und hat damit deutlich weniger Rechte als andere Abgeordnete (u.a. kein Stimmrecht in den Ausschüssen) – und vom Informationsfluss wird er auch abgeschnitten sein.

Daher führt der einzig realistische Weg ins Parlament durch die Parteien und ihre internen Ausleseverfahren. Hat man sich nicht für eine der beiden Großparteien entschieden, bleibt nur die Kandidatur für die sogenannte Landesliste, das heißt: der eigene Landesverband der Partei muss einen auf die Kandidatenliste setzen, und zwar so weit oben, dass man bei der vermuteten oder erhofften Stimmenprozentzahl auch noch ins Parlament rutscht. Wie viel tolle

Politik man als Kandidat dafür schon gemacht haben muss – keine Ahnung. Die Einflussmöglichkeit der Wähler auf die personelle Zusammensetzung des Bundestags ist an dieser Stelle jedenfalls äußerst gering. Und die Möglichkeit, bei der Wahl alle kandidierenden Parteien oder Kandidaten abzulehnen, ist nicht vorgesehen. Sie können in diesem Fall nur ihren Stimmzettel ungültig machen (z.B. durchstreichen) – und gehen damit ein in die derzeit noch recht kleine Zahl derer, die aufgrund ihres ungültigen Stimmzettels nach Lesart der Politiker offenbar zu blöde waren, zwei normale Kreuzchen zu zeichnen. Dies dürfte erheblich zum hohen Anteil an „Nichtwählern" beitragen, die nämlich keiner der Parteien oder Direktkandidaten (von Parteien) ihre Stimme geben wollen und daher mangels Alternative gleich aufs Wählen verzichten. Dabei musste bei Wahlautomaten (als es sie noch gab, bevor das Bundesverfassungsgericht seine Bedenken erhob) explizit die Möglichkeit zum „ungültig"-Wählen vorhanden sein. Für ein „ungültige" Stimme ins Wahllokal zu gehen klingt natürlich wenig attraktiv. Dabei entspricht es der deutschen Logik, wie wir sie z.B. von Fahrkarten im Nahverkehr kennen: die muss man auch erst „entwerten", damit sie gültig und damit im Falle einer Kontrolle wertvoll sind.

Unverbindlichkeit von Wahlversprechen

Wahlen sind die einzige Möglichkeit, auf Bundesebene die Politik mitzubestimmen – wenn man nicht selbst Politiker ist. Alle vier Jahre darf man zwei Stimmen abgeben – mehr Einfluss ist nicht.

Dabei weiß man noch nicht einmal, was man mit seiner Wahl anrichtet: denn Wähler und Gewählte haben keinen Vertrag miteinander. Es gibt kein „imperatives Mandat", Abgeordnete oder gar Regierungsmitglieder sind durch nichts verpflichtet, für irgendeine Position, die sie im Wahlkampf vertreten haben, später auch tatsächlich einzutreten.

Im Wahlkampf 2005 hatte die CDU mutig eine Mehrwertsteuererhöhung von 16% auf 18% angekündigt, die SPD war strikt gegen eine Erhöhung. Nach der Wahl am 18. September bildete sich eine große Koalition aus SPD und CDU, die in arithmetischer Brillanz und großer Kompromissbereitschaft aus 0 und 2 Prozentpunkten Plus eine Erhöhung um 3 Prozentpunkte auf 19% errechnete und zum 1. Januar 2007 wirksam werden ließ. Damit waren nun die Wähler beider großer Parteien (69,4% der gültigen Stimmen) getäuscht worden. Im normalen Leben nennt man so etwas Betrug. Franz Müntefering hingegen kommentierte dies – immer wieder gerne zitiert: „Wir werden als Koalition an dem gemessen, was in Wahlkämpfen gesagt worden ist. Das ist unfair." Laut Bild-Zeitung sagte der nie um eine Einschätzung verlegene „Parteienforscher" Jürgen Falter dazu: „Die Bürger wählen die Katze im Sack! Wahlversprechen sind eine Fiktion. Die Politiker sagen nur, was sie machen würden, nicht, was sie wirklich machen werden. Das schafft Unmut und Politikerverdrossenheit."

Natürlich sehen das Berufspolitiker ganz anders. Sie verweisen auf die Notwendigkeit ihrer Wankelmütigkeit, nur so seien die in der Politik eben notwendigen Kompromisse zu erzielen. Und nie könne man vor einer Wahl wissen, welche Herausforderungen nach der Wahl auf einen warten. Das Volk sei schließlich insofern ständig eingebunden, als Politik ja öffentlich verhandle und von Journalisten beobachtet und kommentiert werde. Abgeordnete nähmen in ihren Wahlkreisen und auf unzähligen Veranstaltung Kontakt mit den Bürgern auf und wüssten so sehr wohl, was gerade aktuell angesagt und gewünscht sei.

Was dabei als demokratischer Prozess verkauft wird, ist allerdings die Akzeptanz des Lobbyismus. Einfluss auf die Politik zu nehmen außerhalb von Wahlen verlangt immer, einzelnen (Fach-)Politikern die eigene Meinung aufzudrücken bzw. eine bestimmte gewünschte Entscheidung opportun erscheinen zu lassen: weil man sonst nicht mehr lieb ist, nicht mehr spendet, Radau macht, zum anderen politischen Lager wechselt... Es hat ja gerade nichts mit Demokratie zu tun, wenn Vertreter von Partikularinteressen mit welcher Strategie auch immer bei der Politik landen – anstatt die Bevölkerung darüber entscheiden zu lassen bzw. ihre möglicherweise mit einer Wahl bereits getroffene Entscheidung zu akzeptieren und umzusetzen. Nichts wäre gegen einen offenen, fairen Dialog einzuwenden – aber den gibt es in unserem „Parteienbundesstaat" (Frank Decker) nicht.

Wenn aber Wahlversprechen unverbindlich sind und innerhalb einer Wahlperiode für den Souverän keinerlei Möglichkeit besteht, eine verbindliche Richtung vorzugeben (Krieg Ja oder Nein, Steuern

rauf oder runter, Datenschutz oder Datennutz), –
wie sollen die Wähler verantwortlich ihr Mitbestim-
mungsrecht nutzen?

Was sagt eine Wahl schon aus?

Wenn es um deutsche Politik geht, sprechen
selbst Kritiker gerne in der ersten Person Plural: „Wir
haben das halt so entschieden", „Wir haben die ja
schließlich gewählt" usw. Grundlage für dieses nicht
selten selbstanklagende Bekenntnis bildet schlicht
das letzte Wahlergebnis. Da haben eben 12 Millionen
Deutsche CDU/CSU gewählt – also „wir".

Nehmen wir die Bewertung beim Pizza-Bring-
dienst. Die vielen Online-Portale zur Versorgung
der Bevölkerung mit Pizza, Sushi und Co erlauben –
meist nach Anmeldung des Nutzers – eine bestellte
Leistung zu bewerten. Das klingt fair – doch taugt es
auch?

Nach meiner Erfahrung bringt es auch die größte
Fast-Food-Katastrophe auf der Skala von null bis
fünf noch auf zwei bis drei Sterne. Und selbst hinter
den Lieferdiensten mit vier-Komma-irgendwas
Sternen verbergen sich fast immer Verbrechen wider
die kulinarische Menschlichkeit, – wie umgekehrt
ein (nur selten zu findender) Spitzen-Caterer aufgrund einzelner negativer Bewertungen keine volle
Punktzahl bekommt.

Viel wichtiger für die persönliche Entscheidung
ist daher, was die Bewerter an Kommentaren hinterlassen haben. Die allermeisten sind belanglos (nach
dem Ebay-Motto: „immer wieder gerne"). Aber gelegentlich findet sich eine Einzelmeinung, die wich-

tiger ist als alle „Schwarmintelligenz", die ihren Fliegenschiss in Form von Bewertungspunkten hinterlassen hat. Da schreibt etwa jemand: „Welches Tier auch immer für diesen Hamburger gestorben ist, es war es nicht wert. Ein Biss, und der Burger landete im Mülleimer." So etwas schreibt man normalerweise nicht aus schlechter Laune heraus (es sei denn, man ist Mitarbeiter eines Wettbewerbers), sondern weil man auf den entscheidenden Punkt achtet: der Hamburger mag zwar super-groß gewesen sein, vielleicht wurde er sogar schnell und heiß geliefert, aber die Frikadelle darauf war nicht aus (reinem) Rindfleisch hergestellt. Was also bringt mit in diesem Fall eine offene, freie Bewertung, Meinungsäußerung, Wahl? Nichts.

Dabei war die Bewertung des Lieferdienstes ja noch ein Sache, bei der die Bewerter selbst die Konsequenz zu tragen hatten. Das ist ja in vielen Fällen mitnichten der Fall.

Was bringt eine Volksabstimmung in Baden-Württemberg über den dubiosen Bahnhof „Stuttgart 21"? Die meisten sind von dem Bauwerk gar nicht betroffen, weil sie nicht in Stuttgart wohnen. Die meisten werden den Bahnhof nicht nutzen, weil sie gar nicht mit der Bahn fahren oder nicht in dieser Gegend. Die Abstimmenden zahlen entweder gar nichts dafür (weil sie keine Einkommensteuer entrichten müssen und keine Fahrkarten kaufen) oder nur einen Bruchteil (weil das Projekt wie üblich „querfinanziert" ist, mithin auch Hamburger und Leipziger allerlei dazu beitragen müssen, ohne gefragt worden zu sein und ohne zu partizipieren.

Auch dazu gibt es eine Fülle an Reformvorschlägen: das Stimmrecht der Wähler sollte an ihre Betroffenheit gekoppelt werden oder an ihre Bereitschaft, für die Entscheidung auch zu zahlen (allgemeiner: ihr einen Wert beizumessen), oder es soll direkt vom Einkommen abhängig gemacht werden (also: wer viel zahlt, hat auch viel zu sagen); andere fordern so etwas wie einen Intelligenztest für Wähler (in jeglichem Zusammenhang gerne „Führerschein" genannt).

Im Internet, am Telefon und per Briefpost kann ich allenthalben an Umfragen und Abstimmungen teilnehmen – ohne dass am Ende ein Zusammenhang erkennbar wäre zwischen den abgegebenen Meinungen und dem Interesse am abgestimmten Thema.

Ob beim Pizza-Lieferdienst oder dem Bundestag - es ist nach der Abstimmung alles andere als klar, was eigentlich die Aussage des Votums sein soll. Denn jeder hat nach seinen ganz individuellen Kriterien abgestimmt.

Die Parteien jedenfalls basteln sich daraus eine Generalvollmacht: Wir haben doch die meisten Sternchen bekommen, also muss unser Tiramisu gut sein, jedenfalls das beste am Markt.

Stimmvieh Abgeordneter

Der Vorteil einer parlamentarischen Demokratie wie der deutschen wird in den stabilen Stimmverhältnissen gesehen, die das Regieren erleichtern: was die Regierung will, bekommt sie dank „Regierungsmehrheit" im Parlament auch. Der einzelne

Abgeordnete ist zwar theoretisch (und vom Grundgesetz her) in seinem Abstimmungsverhalten frei, praktisch hängt davon aber bekanntermaßen seine Karriere ab. Wer sich nicht der „Fraktionsdisziplin" unterwirft, wird isoliert und bei der nächsten Wahl nicht mehr aufgestellt.[25] Und das kann schon weh tun, denn die Bezahlung von Abgeordneten liegt weit über dem Einkommensdurchschnitt und nicht wenige Ex-Berufspolitiker fristen ein eher jämmerliches Dasein, nachdem sie ihr Übergangsgeld verzehrt haben.

Natürlich mögen kritische Gedanken der einzelnen Abgeordneten im Gesetzgebungsverfahren auftauchen, nicht-öffentlich in Fraktionsarbeitsgruppen oder Ausschüssen. Aber es bleibt dann doch die Frage, wozu es 600 Abgeordnete mit theoretisch eigenem Denkapparat braucht, wenn sie doch meist geschlossen abstimmen.

Das Blockverhalten stellt nicht nur die Tätigkeit der Abgeordneten aus dem Regierungslager infrage, sondern auch die der Opposition. Ein Blick in die Bundestagsstatistik zeigt: von 2009 bis 2013 haben die Oppositionsparteien insgesamt 172 Gesetzentwürfe ins Parlament eingebracht. Verabschiedet wurden davon – null! Von außen betrachtet ist es gar nicht möglich, dass all diese 172 Entwürfe unwürdig waren Gesetz zu werden. Aber man stimmt eben als Claqueur der Regierung nicht für den momentanen Gegner.[26] Wenn die Opposition nur dazu gut ist, die Regierung zu kritisieren und sich für die nächste Wahl als Alternative anzubieten, müsste sie nicht alimentiert im Parlament sitzen – das kann man auch außerparlamentarisch erledigen. Abgeordnete erwecken auch bei öffentlichen Auftritten, in Interviews oder Verlautbarungen selten den Eindruck, frei ihre Meinung zu sagen. Das haben sie auf der „Ochsentour"[27] verlernt.

Unkontrollierte Exekutive

Wählen können wir auf Landes- und Bundesebene nur die Legislative (also das Parlament) – in den beschriebenen engen Grenzen. Bei der Regierungsbildung wird uns Bürgern jedes Mitspracherecht verwehrt. Aber selbst wenn eine Partei mit einem „Schattenkabinett" antritt, also bereits vor der Wahl einzelne Personen für Ministerämter im Falle des Wahlsiegs benennt, ist dies nicht verbindlich – und die Wähler können auch nur en bloc zustimmen oder ablehnen. Zudem steht das Personalangebot unter dem Vorbehalt der richtigen (oder dank absoluter Mehrheit keiner) Koalition; der Partner will auch Ministerposten besetzen und der Wähler kann keine Koalition wählen – er kann nur einer Partei seine Stimme geben.[28]

Auf die Entscheidungen der Regierung haben die Wähler – man möchte fast sagen: natürlich – auch keinen Einfluss. Ein Thema kann nur so heftig öffentlich diskutiert werden, dass entweder die gesamte Führung um die Wiederwahl in einigen fürchtet oder wenigstens genügend einzelne Abgeordnete aus Parteien der Regierungskoalition für sich (!) mehr Vorteile als Nachteile in einer Oppositionshaltung sehen (also mit dem erheblichen Risiko, wegen Querulantentum für die nächste Wahl nicht mehr von der eigenen Partei als Abgeordneten-Kandidat aufgestellt zu werden). Es gibt keinen systematischen Dialog zwischen Regierung und Wählern, keine Abstimmungen außerhalb der vier-jährlichen Wahlen.

Zudem trifft die Regierung (als Exekutive) in vielen Bereichen quasi legislative Entscheidungen, beispielsweise in der Europäischen Union (so wie die deutschen Landesregierungen im Bundesrat gesetzgeberisch tätig werden). Wie sich eine deutsche Bundesregierung in internationalen Gremien verhält (und damit für alle Wähler abstimmt) ist der Entscheidungsgewalt des Souveräns entzogen. Die positive Sichtweise dazu ist: für vier Jahre hat eine Regierung reichlich freie Hand zu tun und zu lassen, was sie für richtig hält. Im nächsten Wahlkampf wird davon aber nur ein Bruchteil thematisiert, und die Bilanz des Bisherigen müssen die Wähler dann auch noch mit den Versprechen für die Zukunft abwägen.

Verwaltung

Somit haben die Wähler praktisch keinen Einfluss auf die Verwaltung. Dabei ist sie für das tägliche Leben viel wichtiger als die Gesetzgebung. Stellen wir uns vor, es wäre endlich mal alles geregelt, was man so regeln will: das Parlament wäre arbeitslos, von unabdingbaren Routinen wie der Genehmigung des nächsten Haushalts einmal abgesehen. Das ganze Tagesgeschäft kann ohne Parlament laufen.

Die Parlamente sind zwar eifrige Gesetzesmacher, aber im Alltag haben wir es doch nur mit der Verwaltung zu tun, die der Regierung untergeordnet ist. Nicht nur ihr Personal, vor allem ihre Arbeit steht normalerweise nicht zur Diskussion an, von Skandalen, die es über Medien in die Öffentlichkeit geschafft haben abgesehen.

Die Verwaltung ist es, die entscheidet, wie ein Gesetz zu interpretieren ist. Sie wendet es an. Sie erteilt oder versagt die Baugenehmigung, verteilt Bußgelder, genehmigt oder schließt Betriebe, macht eine Veranstaltung möglich oder untersagt sie wegen irgendwelcher Formmängel, Fehler, Unzulänglichkeiten – ihrer Ansicht nach. Wen das stört, der kann als Betroffener vor das zuständige Verwaltungs- oder Sozialgericht ziehen. Aber es ist keine demokratische Korrektur vorgesehen.

Die Unzahl von Prozessen in diesem Bereich zeigt, dass die Dinge nicht gut geregelt und die guten Regelungen nicht hinreichend vermittelt worden sind. Innerhalb des letzten halben Jahres gab es über eine halbe Million Widersprüche zu Behördenentscheidungen bei der Finanzierung nach „Hartz IV, über 88.000 Gerichtsverfahren, davon war fast jede zweite für den Kläger erfolgreich (die Verwaltung bekam also nicht recht, wurde korrigiert).

Hartz IV, das vierte „Gesetz für moderne Dienstleistungen am Arbeitsmarkt", ist seit über acht Jahren in Kraft – man möchte als Bürger erwarten, dass nach dieser langen Zeit die Verfahren klar sind, die Behördenmitarbeiter also richtige Entscheidungen treffen und diese angemessen vermitteln. Tun sie aber offenbar nicht. Bei Korrekturen in dieser Größenordnung herrscht offenbar große Verwirrung auf Seiten der Exekutive, – Verwirrung oder Dreistigkeit. Denn so viel kann man eigentlich gar nicht falsch machen (und dabei in seinem Job verbleiben). Die Details müssen uns hier nicht interessieren, aber Hartz IV ist ein trauriges Beispiel für Politikerversagen. Völlig ungeachtet dessen, was man persönlich von dieser Arbeitsmarktreform hält, ist ihre Umsetzung unzweifelhaft schlecht gelungen.

Dabei ist Hartz IV immer noch regelmäßig öffentliches Thema. In anderen Bereichen sieht das ganz anders aus. Welches Essen eine Jugendherberge ausgeben darf, ob im Kindergarten gekocht werden kann, wann die Party im Festzelt beendet sein muss, um wie viel Uhr die letzte Autotür vor einem Vereinsheim zugeschlagen werden darf – das entscheiden Behörden, Verwaltungen – nicht Wähler.

Schaulaufen im Bundestag

Der Fraktionszwang (auch Fraktionsdisziplin genannt) bzw. das berufliche Abhängigkeitsverhältnis verhindern offene Aussprachen im Parlament. Der nach Art. 38 GG nur seinem „Gewissen unterworfen[e]", „an Aufträge und Weisungen nicht gebunden[e]" Abgeordnete als „Vertreter des ganzen Volkes" vertritt vor allem die Linie seiner Partei. Denn die legt sogar fest, wer im Bundestag sprechen darf. Der offene Disput ist längst in die nicht öffentlich tagenden Ausschüsse und diversen Partei- und Fraktionsgremien verlagert. Wer im Bundestag spricht, spricht in erster Linie für seine Partei – und zwar in doppelter Hinsicht: der Abgeordnete spricht als Vertreter seiner Partei (und nicht als Vertreter des Volkes), und seine Rede richtet sich - wenngleich körperlich gerne dem Gegner zugewandt – an die Parteigenossen im Plenum. Denn nur die applaudieren und klopfen später die Schulter. Es geht überhaupt nicht darum, die andere politische Seite von seiner Haltung zu überzeugen, es geht ums Punkten. Rhetorisch muss man gut sein, nicht inhaltlich. Wer das für Polemik hält, der schaue sich die Protokolle beliebiger Bundestagssitzungen an, sie sind alle öffentlich und dank Internet und lobenswert schneller Arbeit der Bundestagsverwaltung einfach und zeitnah zu lesen.

Im Jahr 2005 habe ich für die Satire-Zeitung „Helgoländer Vorbote" ein Projekt geleitet, bei dem wir alle (!) Plenarprotokolle der 15. Legislaturperiode durchgesehen haben, um die „besten Zwischenrufer" zu ermitteln.[29] Die Stenografen halten penibel jeden Zwischenruf eines Abgeordneten fest, ebenso das Zustimmungs- und Ablehnungsverhalten in Form von Beifall, Tumult etc. Ziemlich schnell wussten wir, wer – wenn er denn anwesend war – dazwischenblöken würde, in welche Richtung es gehen würde und wann es von welcher Fraktion klatschenden Beifall geben wird. Das Verhalten der Abgeordneten war absehbar, selten gab es Überraschungen und nichts deutete darauf hin, dass sich dort gut 600 erwachsene Menschen bemüht haben, stellvertretend für damals etwa 82 Millionen Einwohner das Beste zu tun. Reden werden für die eigenen Leute gehalten und wenn es gut läuft noch für ein paar Pressevertreter. Weil aber selbst die bei den meisten Verhandlungspunkten des Parteieneinerleis überdrüssig sind, hauen vor allem Neulinge und Hinterbänkler gerne nach einer Rede im Bundestag noch eine Pressemitteilung raus, in der sie sich selbst ausführlich zitieren und feiern. Von den im Parlament vorgebrachten Gegenargumenten liest man bei ihnen nichts. Bundestagsdebatten sind kein Ringen um den besten Weg, sondern schlicht, wie es auch in den Medien bei großen „Debatten" immer heißt, ein „Schlagabtausch".

Kontrolle der Kontrolleure

Das Parlament hat die Regierung zu kontrollieren. Aber was weiß das Parlament schon? Der „Abhör-Skandal" um NSA und Tempora, die geheimdienstlichen Programme der USA und Großbritanniens, haben gerade gezeigt, wie wenig unser Parlament weiß und daher auch kontrollieren kann. Die vielen Kleinen und Großen Anfragen, die Abgeordnete an die Regierung stellen, zeugen ebenfalls regelmäßig von großer Ahnungslosigkeit – die übrigens durch die Antwort der Regierung keineswegs behoben werden muss.

Der deutsche Geheimdienst wird von einem elf Personen starken, geheimen „parlamentarischen Kontrollgremium" (PKGr) überwacht. Die Genehmigungen für nachrichtendienstliche „Beschränkungsmaßnahmen im Bereich des Brief-, Post- und Fernmeldegeheimnisses" erteilt die sog. G-10-Kommission (nach dem entsprechenden Artikel im Grundgesetz benannt), die nur vier Mitglieder hat. Wie gut diese 15 Menschen unsere Grundrechte hüten, werden wir Wähler kaum beurteilen können, zumal die weitaus größere Zahl von Überwachungsmaßnahmen auf Polizeiebene ohne Kontrolle durch den Bundestag läuft.

Von der Enthüllung massiver Überwachung der Kommunikation in Deutschland durch amerikanische und britische Geheimdienste zeigten sich alle Parlamentarier überrascht – eine wirkungsvolle Kontrollfunktion haben sie offenbar nicht erbracht.

Die Veröffentlichung der sog. „Afghanistan-Papier"[30] durch die WAZ im November 2012 hat gezeigt, wie wenig offen über den Bundeswehreinsatz im Parlament gesprochen wird. (Die Afghanistan-Papiere sind als „Verschluss-Sache" gestempelte Parlamentsunterrichtungen der Bundeswehr, die nach WAZ-Angaben unter anderem eine starke Zunahme von Angriffen auf die Koalitionstruppen zeigen; weiterhin kämen jährlich tausende unbeteiligter Zivilisten ums Leben.)

Es sind immer nur einzelne Nachrichten, die uns zweifeln lassen, ob Berufspolitiker in Parlamenten die Verwaltung auch tatsächlich kontrollieren. Gewalttaten von Polizisten etwa münden nur selten in einem Gerichtsverfahren, selbst tödlicher Schusswaffengebrauch (wie am 28. Juni 2013 vorm Roten Rathaus in Berlin). Auch völlig unverhältnismäßige, entwürdigender Machtgebrauch (wie die Leibesvisitation einer ganzen Klasse an der Münchner Friedrich-List-Wirtschaftsschule am 27. November 2012, weil angeblich fünf Euro gestohlen wurden) wird von der Staatsanwaltschaft nur selten verfolgt. Der Polizeivollzugsdienst ist zwar Ländersache, der Bundestag könnte aber unproblematisch sein Statistisches Bundesamt zur Sammlung aller Fälle verpflichten – tut er aber nicht, und auch bei den Ländern sucht man entsprechende Daten vergeblich. Dabei sollte jeder Skandal, der es in die Öffentlichkeit geschafft hat, Parlamentarier zum Überprüfen anspornen – nicht zum Schönreden. Die Bevölkerung an sich jedenfalls kann die notwendige Kontrolle nicht leisten, sie kann sie noch nicht einmal durch Proteste veranlassen, weil das Erregungspotential eines einzelnen Skandals aufgrund totaler Reizüberflutung nicht lange wirkt, ein wichtiges Thema umgehend vom nächsten verdrängt wird, ohne dass sich etwas bewegen würde.

Rechenschaftsbericht

Es wird zwar gerne von der „Deutschland AG" gesprochen – doch eine Verantwortung von Vorstands und Aufsichtsrat gegenüber den Aktionären ist nicht zu erkennen. Jeder darf seine Leistungen nach Herzen schön rechnen. Wie wäre es mal mit einer Bilanz am Ende einer Parlaments- und Regierungszeit – wie in der Wirtschaft üblich extern geprüft?

Wissen Sie, was die letzten vier Jahre Merkel-Regierung gekostet haben? Welche Investitionen sie getätigt hat, die Rendite abwerfen werden (in welcher Form auch immer)? Wie viel Kosten bei Privathaushalten und Unternehmen durch Gesetzesänderungen und andere Vorschriften verursacht wurden (und/ oder noch werden)? Was Sie an Freiheiten gewonnen und was eingebüßt haben? Welche Ressourcen verbraucht wurden? Kennen Sie auch nur die Zahl der durch Bundeswehr-Aktivitäten Getöteten weltweit? Die Kosten der Militäreinsätze in den letzten vier Jahren? Rechnet jemand nach, welche Veränderungen in den Wirtschafts- und Beschäftigtenzahlen auf das Konto von Parlament und Regierung gehen und welche auf veränderte „Rahmenbedingungen" (die immer angeführt werden, wenn es nicht so gut gelaufen ist)?

Schon die Mahnungen des Bundesrechnungshofs nimmt kaum jemand zur Kenntnis – und sie sind unverbindlich und rein bürokratisch begründet. Denn politische Ziele hat eine solche Kontrollinstanz natürlich nicht zu setzen.

Die Wähler bleiben nicht nur im Unklaren darüber, was sie bei entsprechender Wahl in den nächsten Jahren erwartet, sie haben auch keinen Dunst, was objektiv betrachtet in den vergangenen Jahren geschehen ist. In Erinnerung bleiben ein paar Skandale, an denen sich die Medien austoben konnten, vielleicht ein oder zwei Gesetze, von denen Sie persönlich sich betroffen gefühlt haben. Ansonsten nur jede Menge Eigeninterpretationen der Parteien, ein paar Kommentare aus der Publizistik, vielleicht eine gute Pointe aus der Unterhaltungsbranche. Nichts, was als Entscheidungsgrundlage dienen könnte.

Und da reden wir noch gar nicht von Haftung für Fehlentscheidungen.

Kapitel 6

LOBBYISMUS

„Lobbyismus ist mehr als die direkte Beeinflussung politischer Entscheidungsträger: Wissenschaft, Medien und die breite Öffentlichkeit sind längst im Fokus von Lobby- und PR-Kampagnen. Lobbystrategien umfassen heute die gezielte Ansprache relevanter Gruppen auch außerhalb der offiziellen Politik: Wissenschaftler/innen, Journalist/innen, Bürger/innen und selbst Kinder und Jugendliche. Dabei geht es darum, den politischen Diskurs langfristig zu beeinflussen. Es werden z. B. bestimmte Botschaften platziert (‚Sozial ist, was Arbeit schafft!‘), oder das Image wird aufpoliert, um politischer Regulierung zu entgehen (‚Greenwashing‘). Stimmungen und Trends zu einer konkreten politischen Entscheidungsfrage sollen gezielt verstärkt oder abgeschwächt werden. Journalist/innen werden dementsprechend mit interessengeleiteter Expertise und Gutachten bedrängt. Sie werden wie politische Entscheider/innen zu Reisen, Veranstaltungen und kostspieligen Events eingeladen. Wissenschaftler/innen und Hochschulen sind begehrte Partner für Lobbyisten und ihrerseits oft auf zusätzliche Finanzierung angewiesen. Und selbst vor der Schule machen Lobbyisten keinen Halt und beeinflussen schon Kinder mit Werbebotschaften – so zum Beispiel in Unterrichtsmaterialien oder Schulkooperationen."

Das schreibt der Verein „LobbyControl – Initiative für Transparenz und Demokratie" in seinem aktuellen Lobbybericht (2013: 8) als vierte von zehn Thesen zum Lobbyismus in Deutschland.

Da Politiker als wesentliches Instrument ihres Handelns die Gesetzgebung sehen und nutzen, aufgrund der bereits vorhandenen Regelungsdichte neue Gesetze immer komplizierter und feingliedriger werden, führt inzwischen auch von Seiten der Politik kein Weg mehr an Lobbyisten vorbei. Die über 2000 freiwillig beim Bundestag registrierten Lobbyverbände (und viele weitere, nicht eingetragene) bieten Sachkompetenz in ihren Bereichen – ob es um die wirtschaftlichen Aspekte des Barbecuings, um Ehrenmäler des Deutschen Heeres oder Fragen der Computergenialogie geht: es stehen Lobbyisten mit Rat und Tat bereit. Die großen Interessenverbände haben an allen Regierungssitzen Büros für „Public Affairs", also die Lobbyarbeit – wie übrigens auch große Firmen, die nicht in der Lobbyliste des Bundestags eingetragen werden können. Etwa 5000 hauptberufliche Lobbyisten soll es inzwischen in Berlin geben, in Brüssel gar 15.000.

Wenn Lobbyismus nur das öffentliche Eintreten für bestimmte politische, wirtschaftliche, soziale, ethische Positionen wäre – niemand nähme daran Anstoß. Doch Lobbyismus ist das Gegenteil zu fairem Diskurs, zu offener Meinungsbildung, zu Mehrheitsentscheiden. Und er offenbart die Mängel repräsentativer Demokratie. Denn wer etwas erreichen möchte, versucht es eben nicht beim Wähler als Entscheider, sondern direkt bei Abgeordneten oder Ministerialen. Lobbyisten bieten ihre Expertise an und werben für ihre Sicht der Dinge. Lobbyismus bei der Politik statt Öffentlichkeitsarbeit betreibt man, wenn man selbst nicht daran glaubt, auf demokratischem Wege Mehrheiten für seine Positionen zu bekommen oder man zumindest den Aufwand dafür scheut.

Lobbyismus ist zwangsläufig immer einseitig, parteiisch, nicht objektiv. Lobbyismus hat kein Interesse an Demokratie, an Gerechtigkeit, an Chancengleichheit und all dem anderen, was für ein Leben in Freiheit gerne als Bedingung proklamiert wird. Er vertritt Partikularinteressen. Wäre er damit nicht direkt bei der Politik erfolgreich, sondern nur beim Wähler, wäre das Ganze unproblematisch.

Je kleiner und engagierter eine Gruppe ist, die für ihr Anliegen Lobbyarbeit macht, um so unwahrscheinlicher bilden sich ebenbürtige Gegengruppen.

Um ein eingängiges Beispiel außerhalb des Lobbyismus zu bemühen: Wenn die kleine Gruppe der Fluglotsen in Deutschland mehr Gehalt fordert, kann sie den gesamten Flugverkehr lahm legen – und wird doch keinen ernst zu nehmenden Gegenwind bekommen. Wer eine Flugreise erst mit Verspätung antreten kann oder gar innerhalb Europas mit dem Zug oder Bus reisen muss, mag sich zwar ganz furchtbar aufregen und zwei Wochen lang in seinem Bekanntenkreis über nichts so rohrspatzenmäßig schimpfen wie über die dreisten Fluglotsen – doch er wird keine Anti-Gewerkschaft gründen, er wird nicht sein Reiseverhalten ändern, um von Fluglotsen unabhängig zu werden, er wird sich nicht in das Berufsbild, die Arbeitsbedingungen, die Anforderungen etc. einarbeiten, – nichts dergleichen wird er tun.

Die Konstellation Klein gegen Groß gewinnt hier nicht wie bei David gegen Goliath mit einem fiesen Trick (oder gar mit allgemeiner Sympathie, wie das Gleichnis ja heute meist verstanden wird), sondern schlicht, weil die große Mehrheit zu uninteressiert und unorganisiert ist, um Gegenwehr zu leisten. Dabei ist sie es ja regelmäßig, die durch den Erfolg einer kleinen Lobbygruppe benachteiligt wird – meist, weil sie zahlen muss.

Lobbyismus ist schlecht, undemokratisch, tendenziell – und das gilt völlig unabhängig vom Anliegen. Die Bürgerinitiativen gegen die Bebauung des Tempelhofer Felds, gegen ein Atommüllendlager in Gorleben, gegen den Bau der Autobahn 49, für eine gentechnikfreie Region, die vielen Gruppen pro Irgendwasnatur – sie alle haben meine herzliche Sympathie, aber nicht meine intellektuelle Zustimmung, wenn sie ihre Positionen über Abgeordnete durchsetzen wollen. Weil sie meistens ihr persönliches Interesse durchsetzen wollen, ohne dafür am Ende eine demokratische Mehrheit zu haben, insbesondere von denen, die bezahlen sollen oder müssen, die mit Einschränkungen oder ihnen fehlenden Entwicklungen leben müssen. Die vielen Protest- und Postkartenaktionen von Greenpeace & Co sind Lobbyismus wie das AKW-Werben der Energiekonzerne - nur dass Greenpeace mit mehr Sympathie bzw. mehr Engagement in der Bevölkerung rechnen kann und deshalb nicht nur hinter verschlossenen Türen agieren muss.

Ganz doof dran sind diejenigen, die von einer Lobbygruppe in Schutzhaft genommen werden, ohne sich angemessen artikulieren zu können. Das ist regelmäßig bei Kindern und Jugendlichen der Fall. Verschärfung des Jugendschutzes? Klar, sagen die erwachsenen Jugendschützer. Aber was sagen Jugendliche selbst? Sie bekommen die Debatte gar nicht erst mit, ihre angebliche Lobby und die noch viel angeblicher jugendliche Selbstorganisationsstruktur ist so stark von der paternalistischen Lobby beherrscht, dass die Betroffenen selbst schlicht nicht zu Wort kommen – oder allenfalls welche, die den Lobbyprofis ins Konzept passen. Oder können Sie sich erinnern, irgendeinen Protest vernommen zu haben, als im Sommer 2007 das Rauchverbot von 16 auf 18 Jahre heraufgesetzt wurde? (Und schon wieder höre ich den Paternalismus: „ist doch auch richtig so, schließlich ist rauchen total ungesund ...")

Während es leicht wäre, Jugendliche in den Prozess der Meinungsbildung einzubeziehen, ist das bei den Klienten vieler Lobbygruppen schwer oder gar nicht möglich. Tierschützer wollen Tiere schützen – klar. Aber findet es das Rehkitz wirklich besser, vom Wolf gerissen als von einem Jäger erschossen zu werden? Tierschützer mögen nämlich Wölfe, hassen aber Jäger. Für arme Menschen in anderen Ländern, für Flüchtlinge und Katastrophenopfer setzt sich eine ganze Armada von Hilfsorganisationen ein – mit viel Lobbyarbeit. Ihre Ziele unterscheiden sich, im Zweifelsfall findet jede Organisation ihre Arbeit besser als die der Wettbewerber – und eine Gegenpartei gibt es natürlich nicht (oder haben Sie schon mal einen Spendenbrief von einer „Anti-Entwicklungshilfe-Organisation" erhalten?). Was ist gut für die Menschen im Sudan? Welche „Entwicklungsziele" sind realistisch, welche wünschenswert? Warum gibt es überhaupt so großherzige Organisationen, die in den letzten Winkeln der Erde Gutes tun wollen? Von den Lobbyisten können wir dazu vieles hören, aber die ganze Wahrheit wird es kaum sein. Denn Lobbygruppen vertreten wie Parteien nicht die Interessen aller, sondern ihrer Klientel, ihrer Mitglieder, Spender, Finanziers, Auftraggeber. Und die Mitarbeiter haben, sobald sie über die ehrenamtliche Tätigkeit eine öffentliche Bedeutung bekommen oder über die berufliche Tätigkeit ihren Unterhalt bestreiten, nochmal eigene Interessen – so wie die Berufspolitiker.

Ich bin recht kurz nach seiner Gründung dem Verein „Netzwerk Recherche" beigetreten. Ein beherrschendes Thema dieser Journalistenlobby wurde recht bald der Kampf gegen den Lobbyismus. Zurecht geißelt das Netzwerk Recherche die Hinterzimmerpolitik als undemokratisch.

Nur: Auch das Netzwerk macht natürlich Lobbyarbeit. Es setzt sich für bessere Arbeitsbedingungen recherchierender Journalisten ein, sammelt Geld für Stipendien, ist in der Meinungsbildung mit zahlreichen (für die Größe des Vereins eher „unzähligen") Publikationen und einer jährlichen sehr großen, professionellen Tagung aktiv. Wie bei jeder Lobbygruppe geht es um Einfluss, um öffentliche Wahrnehmung, um Kontakte zu Entscheidern, – und um Geld. Nachhaltigen Erfolg hat das Netzwerk Recherche unter anderem bei der Einführung von sog. Informationsfreiheitsgesetzen, die allen Bürgern Behördendokumente zugänglich machen sollen. In seinen Newslettern weist das Netzwerk – transparent - auf seine Aktivitäten und Erfolge hin. Alles gut.

Nur: sind an dem Prozess der Meinungsbildung und Gesetzgebung auch die Bürger an sich beteiligt? Oder sollen sie einfach nur zufrieden sein, wenn ihnen ein neues Recht erkämpft wurde?

Ich nenne das Beispiel bewusst, weil es so gar nicht nach „bösem Lobbyismus" aussieht. Die Anliegen sind aus meiner Sicht gut, ich habe selbst viele Stunden in die Vereinsarbeit investiert. Aber es ändert nichts daran, dass auch dort Lobbyismus betrieben wird. Man versucht, die Politik außerhalb von Wahlen zu einem bestimmten Verhalten zu bewegen.

Die Wähler als Souverän könnten damit nur dann guten Gewissens leben, wenn ihnen vor einer (gesetzlichen) Änderung die Möglichkeit zur Abstimmung gegeben würde. Im einfachsten (und wenig praktikablen) Fall also in der Form, dass die Ergebnisse gesellschaftlicher Beratungen als konkrete Vorhaben, als Angebote in das nächste Wahlprogramm übernommen würden. Dann bekämen die Wähler im gegenwärtigen System zwar eine lange Liste präsentiert, bei der sie dann nach summarischer Prüfung zu entscheiden hätten, ob insgesamt zu befürwortende Vorhaben die abzulehnenden überwiegen und man deshalb der Partei seine Wahlstimme geben kann.

So ist es derzeit nicht. Gewählte Politiker gehen nach eigenem Gusto Kontakte zu Lobbyisten ein, sie nehmen diese als normale Informanten wahr und sehen daher gar keine Notwendigkeit, darüber Auskunft zu geben. In einem paternalistischen Staatsverständnis ist das in Ordnung: unsere Berufspolitiker wissen schon, was für uns gut ist, machen sich nach bestem Wissen und Gewissen schlau – und entscheiden dann, vom Wähler zum eigenmächtigen Handeln ermächtigt.

Der Dortmunder SPD-Bundestagsabgeordnete Marco Bülow[31] hat einen Verhaltenskodex für Abgeordnete entwickelt, in dem es zum Thema Lobbyismus unter anderem heißt:

„[Ich verpflichte mich,] alle meine verabredeten Treffen mit Interessenvertreter/innen durch Nennung des Namens der Institution transparent zu machen, indem ich sie in regelmäßigen Abständen z.B. auf meiner Internetseite veröffentliche. Dies bezieht sich auf Treffen mit Personen, die von Verbänden, Unternehmen und Nichtregierungsorganisationen direkt (etwa als Vorstände, Geschäftsführende oder Mitarbeiter/innen) oder indirekt (etwa über Agenturen oder Kanzleien) mit der Ansprache von politischen EntscheidungsträgerInnen beauftragt sind. Nicht zu veröffentlichen sind selbstverständlich Treffen mit Hinweisgeber/innen, die von den Institutionen, für die sie tätig sind, nicht mit der Ansprache von politischen Entscheidungsträger/innen beauftragt wurden oder das ohne Wissen ihrer Institution tun."[32]

Das wäre ein guter Anfang. Aber inzwischen kaufen Ministerien Lobbyismus ja ganz offiziell ein, meist sogar ohne Geld: bis zu einem halben Jahr dürfen Personen aus Privatfirmen, Institutionen, Kulturbetrieben etc. in Ministerien arbeiten, ohne dass der „entsendenden Stelle" das Gehalt erstattet werden müsste.[33] LobbyControl kommentiert: „Zunehmende finanzielle und personelle Verflechtungen gefährden die Unabhängigkeit demokratischer Institutionen und die Ausgewogenheit politischer Entscheidungen." (2013: 8) Ganze Gesetze werden inzwischen von Anwaltskanzleien formuliert – die auf das entsprechende Themenfeld spezialisiert sind und die zahlungskräftigen Kunden aus Handel und Industrie dazu seit langem beraten; wenn es richtig gut läuft, schreiben sie danach noch einen Gesetzeskommentar, der Gerichten bei der Auslegung hilft – so stammt dann alles aus einer Hand eines privaten Rechtsunternehmens.[34] Lobbyismus kann da schnell in Korruption übergehen, die Transparency International definiert „als Missbrauch von anvertrauter Macht zum privaten Nutzen oder Vorteil. In den 90er Jahren standen verschiedene Formen und Ausprägungen der Korruption im öffentlichen Bereich im Vordergrund der Debatte, z.B. Bestechung und Bestechlichkeit in der öffentlichen Verwaltung, bei der Vorbereitung von Gesetzen und Regulierungen oder beim Einfluss auf politische Entscheidungen. [...]"[35]

Kapitel 7

GÄNGIGE
REFORMÜBERLEGUNGEN

Es steht nicht zum Besten mit unserem Staats-system – das ist keine neue Diagnose. Jede Woche erscheint ein neues Buch mit Kritik und – eher selten – Vorschlägen für eine Renovierung des Parlamenta-rismus'.

Das größte Interesse an Demokratiereformen haben dabei die Parteien und ihr Personal. Denn jede Veränderung kann ihren Einfluss bedrohen. Deshalb gab Hans Apel in seinem ja durchaus kritischen Buch „Die deformierte Demokratie" schon vor 20 Jahren die Devise aus: „Die Abgeordneten und damit das Parlament müssen die Bürger davon überzeugen, dass unser System parlamentarischer Demokratie für die Fortentwicklung unserer Gesellschaft und eine gute Zukunft unseres Volkes leistungsfähiger ist als alle anderen denkbaren Modelle staatlicher Wil-lensbildung." (1993: 183) Apel war damals gerade aus der Politik ausgeschieden, so dass sein State-ment wohl nur die Begrenztheit auch gebildeter Par-teipolitiker zeigt und nicht mehr Ausfluss eigener Karriereplanung war. Es gibt keine offene Suche nach Alternativen, man hält das Gegebene per de-finitionem für das Bestmögliche. Weil man es sich darin eingerichtet hat, sein Netzwerk gebaut und die Claims abgesteckt hat.

Die SPD schwurbelt in ihrem Wahlprogramm 2013 unter „Demokratie als Gesellschaftsprinzip":

„Wir wollen darum unsere klassisch-repräsentative Demokratie um neue und weitergehende Formen der demokratischen Partizipation auf allen politischen Ebenen ergänzen. Eine Möglichkeit ist die Nutzung neuer digitaler Technologien, zum Beispiel in Form von Online-Petitionen und –Befragungen oder Ideen-Wettbewerben („Crowdsourcing"), wenn sie eine ermöglichende Rolle spielen. Selbstverständlich ist für uns als SPD aber auch, dabei jene Menschen mitzunehmen, die mit diesen neuen Möglichkeiten noch nicht vertraut sind."

Die Union sieht dank ihrer bisherigen Regentschaft eigentlich alles in Butter: „CDU und CSU haben daher für eine bessere Einbindung der Bürger gesorgt." Aber weil man als Politiker ja nie fertig weil sonst arbeitslos ist:

„CDU und CSU wollen Bürgerbeteiligung weiter ausbauen. Sie ist für uns eine Voraussetzung, dass wir unser Gemeinwesen weiter voranbringen und Gegensätze und Schwierigkeiten frühzeitig erkennen und lösen können. Das schafft Verständnis und Sicherheit."

Vonseiten der Parteien wird es also in den nächsten Jahren ein wenig Geplänkel um Formen des bedingungs- und bedeutungslosen Mitredens gehen. Aus der Zivilgesellschaft gibt es natürlich weiterreichende Vorschläge. Einige für die weitere Diskussion hier relevante seien nachfolgend benannt.

Mehr Partizipation aller

Vor allem die aus dem Internet erwachsenen technischen Möglichkeiten für Demokratie werden derzeit diskutiert. Die Piraten-Partei lebt wesentliche davon, dass sie damit experimentiert: jeder soll sich einbringen können, jeder kann mitdiskutieren, kann selbst abstimmen oder seien Stimme (thematisch sortiert) auf andere übertragen und sich von diesen stimmlich vertreten lassen.

Als Biologe sehe ich solche Innovationen verhalten: Der Mensch von heute (man möchte fast provokativ sagen: der deutsche Mensch!) ist physisch ziemlich exakt der Mensch des Mittelalters, des Römischen Reiches, der alten Ägypter (und davor kennen wir aus dem Geschichtsunterricht nur Höhlenbewohner mit Keulen und der fortschrittlichen Bezwingung es Feuers). Physisch! Der Körper, das Gehirn, – sie sind weitgehend unverändert, weil sich die Genetik in den wenigen Generationen gar nicht groß ändern kann und Wissen nicht vererbt wird. Gerade Politiker nutzen in ihrer Rhetorik zwar gerne das Schauderbild von der Steinzeit, in die wir zurückfallen, wenn wir ihnen nicht folgen – doch diese Steinzeit endete im intellektuellen Europa vor gerade mal 5.000 Jahren bzw. 170 Generationen – das ist in der Evolution einfach nichts, unsere treuen Kulturfreund, die Ratten, schaffen das in nur 40 Jahren, und Bakterien – vor allem im Krankenhaus gefürchtet – in 2 Stunden.

Geistig ändert sich freilich gegenwärtig vieles – erst seit knapp 500 Jahren akzeptieren die meisten

Menschen, dass sich ihr Planet um die Sonne dreht und nicht umgekehrt, Geister, Götter und Sternenschicksale sind aber heute noch genauso gegenwärtig wie vor hundert oder tausend oder hunderttausend Jahren (dass sich einzelne davon losmachen, ist auch nicht neu – denn die Fähigkeit zum Denken – gerne „selber denken" genannt – ist eben auch alles andere als neu).

Wenn also eine neue Technik oder Technologie auf dem Markt erscheint, ändern sich damit noch lange nicht die Bedürfnisse und Fähigkeiten der Menschen. Manch Fortschrittsgläubigem mag es als Revolution erscheinen, nachts um 23 Uhr in den Supermarkt zu gehen und nach einer passablen Tiefkühlpizza Ausschau zu halten – wo doch noch vor wenigen Generationen die Vorfahren hungern mussten, wenn sie nichts gejagt hatten. Doch in Wahrheit ist es nur eine andere Kulturtechnik, die die Jagd an der Tiefkühltruhe von der Jagd im Wald unterscheidet.[36]

Auch Liquide Democracy interessiert nicht nennenswert mehr Menschen als alle anderen bisherigen Beteiligungsverfahren, vor allem nicht Menschen aus der Unter- und der Oberschicht, denn beide haben gänzlich andere Interessen, als Politik auf institutionalisierten Wegen zu machen. Die Piraten mögen mit ihrer Offenheit einige Schüler, Studenten, Künstler oder Rentner erreichen – in der Summe interessieren sich für ihr Angebot nur wenige, und eine intensivere Beschäftigung mit einem Thema als einen digitalen Klick leistet kaum wer. Was eben nicht an den Piraten liegt, sondern an der unveränderten Konstitution „der Menschen". Es wollen eben nur ganz wenige (mit-)herrschen, und wer das nicht will, beteiligt sich nicht an Liquid Democracy – wie schon sehr niederschwellige Angebote wie Wahlen längst nicht jeden interessieren. Man kann Blogs und Online-Kommentarfunktionen feiern – aber ob sie letztlich mehr gute Gedanken zu mehr Menschenhirnen bringen als noch im letzten Jahrhundert der Leserbrief muss erst mal jemand untersuchen.

Offene Verfahren sind – um nicht missverstanden zu werden – immer sinnvoll, weil sie wenigstens die Möglichkeit bieten, dass neue, gute Ideen Anhänger finden und in die Diskussion gebracht werden. Aber sie ändern nichts daran, dass es eben nur eine kleine Gruppe von Interessenten gibt (mit ganz wenigen, abzählbaren Opinion Leaders) – und eine große Gruppe, die sich diesem Wettkampf nicht stellt – aus gutem Grund.

Nicht von ungefähr gehört zu allen Vorschlägen für „mehr Partizipation aller", dass die Bildung gestärkt werden müsse: Medienkompetenz braucht es, Allgemeinbildung, Aufklärung über „Rechte und Pflichten" – die Menschen sollen halt funktionieren.

Womit wir wieder bei der Frage wären: Wozu soll Demokratie gut sein (s. Kapitel 2)?

Mehr Partizipation Interessierter

Die Parteimitgliedschaft gilt schon lange nicht mehr als einzig denkbare Form der politischen Mitwirkung – selbst bei den Parteien. Gerade die Engagierten müssen aber von den Parteien aus Eigeninteresse abgefangen werden, bevor sie doch noch revolutionäre Unruhe stiften können. Deshalb gibt es vielfältige Beteiligungsinstrumente, die dann gezückt werden, wenn Protest und Aktivismus unschädlich gemacht werden sollen. Das ist eine der Lehren aus „Stuttgart 21".

Für das Establishment wirken solche Beteiligungsangebote stabilisierend (vgl. Rieg 2007a: 483), auf die erregten Gemüter entsprechend beruhigend: man bekommt den Eindruck ernst genommen zu werden, an etwas mitwirken zu dürfen – und bei einigermaßen gutem Management werden auch tatsächlich hinterher Spuren der Bürgerbeteiligung zu sehen sein. Viel verändern lässt sich darüber nicht - andernfalls würde sich auch wieder die Legitimationsfrage stellen. Denn natürlich ist der Bau des unterirdischen Bahnhofs Stuttgart 21 nicht nur eine Frage für die Stuttgarter Bürgerinnen und Bürger. Es ist auch eine Frage für alle Steuerzahler und für alle Bahnkunden. Beteiligung wird dabei vielfach eingegrenzt auf „räumlich Betroffene" – was unter demokratischen Gesichtspunkten zu erheblichen Verzerrungen führen kann.[37]

Ein relativ gut eingeführtes, aber nicht standardisiertes Verfahren zur Beteiligung Interessierter ist der sogenannte „Bürgerhaushalt". Dabei können Bürger entweder offen für alle Bereiche Vorschläge zur Gestaltung eines kommunalen Haushalts einbringen oder es werden bestimmte Budgets für die Bürgerdiskussion freigegeben, dann meist an konkrete Zielgruppen (z.B. Jugendliche). Zur Beteiligung kann es offene Treffen geben oder internetbasierte Diskussionen. Derzeit lassen rund 100 Städte und Gemeinden in Deutschland Bürger Ideen zum Haushalt einbringen[38] – die Entscheidung verbleibt aber stets bei den Gremien.

Die Beteiligung Interessierter wird auch sonst schon vielfältig praktiziert: die Politik lädt zu Bürgerversammlungen ein, es gibt moderierte Gespräche, Ideenwerkstätten und dergleichen mehr.

Direkte Demokratie: Volksgesetzgebung

Unter dem Stichwort „Direkte Demokratie" wird zumeist die unmittelbare Entscheidung aller Stimmberechtigten über eine Sachfrage verstanden. Es geht dabei letztlich immer um Gesetze, weil mit ihnen eben geregelt wird, was erlaubt und was verboten ist, von wem man Geld für Gemeinschaftsaufgaben einnimmt und wie das Geld verteilt wird. Jeder Haushaltsplan des Bundes oder eines Landes wird in einem Haushaltsgesetz festgelegt (bei Städten und Gemeinden mangels Gesetzgebungskompetenz in einer Haushaltssatzung). Der per Volksabstimmung initiierte bayerische Nichtraucherschutz oder das neue Wahlrecht in Bremen sind natürlich in Gesetze gefasst.

Da im Bund und den Ländern eine Zusammenkunft aller Stimmberechtigten zur Entscheidungsfindung aufgrund der Größe nicht möglich ist (wie das in kleinen Schweizer Kantonen noch der Fall ist und früher in Athen praktiziert wurde), findet Volksgesetzgebung in Deutschland in Form von Abstimmungen statt, bei der man wie bei Wahlen (und oft mit diesen zusammen) seien Zustimmung oder Ablehnung zu einem Gesetzesvorhaben kund tun kann. Auf Bundesebene gibt es allerdings bisher keine Volksgesetzgebung, obwohl das Grundgesetz selbst in Artikel 20 Absatz 2 „Wahlen und Abstimmungen" als die anzuwendenden demokratischen Artikulationsmittel aufruft.

Im Bundestag gab es zahlreiche Initiativen für die Einführung von Volksabstimmungen, sie sind alle an der für Verfassungsänderungen notwendigen Zweidrittel-Mehrheit gescheitert (bzw. schon am Parteien-Hickhack derer, die zwar grundsätzlich dafür sind, aber natürlich nicht so, wie es die anderen wollen). Eine Verfassungsänderung wäre notwendig, da die Möglichkeit des Volkes, Gesetze direkt abzustimmen, den Kompetenzbereich des Bundestags als Parlament beschneiden würde.

Hier wird ein anderer Weg zur Demokratisierung Deutschlands vorgeschlagen, und gerade deswegen lohnt sich ein Blick auf die vielfach vorgetragenen Argumente gegen Volksgesetzgebung, zumal diese auch ermöglicht werden sollte, aber nicht – wie von vielen Demokratiereformern gesehen – als Hauptaktionsmöglichkeit der Bürger, sondern nur als letzte Korrekturmöglichkeit.

Das Verfahren sieht regelmäßig vor, dass Bürger einen Gesetzesvorschlag unterbreiten können und dieser im Parlament behandelt werden muss, wenn sich eine vorgeschriebene Anzahl von stimmberechtigten Unterstützern findet. Dazu werden dann Unterschriften gesammelt. Wird die notwendige Zahl von Unterstützern erreicht und lehnt das Parlament den Vorschlag danach trotzdem ab, kann in einer

zweiten Stufe die unmittelbare Gesetzesentschei-
dung durch die Wähler herbeigeführt werden. Allerdings kann längst nicht alles auf diesem Weg zu
einem Gesetz werden. Meistens ist zum Beispiel alles
ausgeschlossen, was unmittelbare Auswirkungen
auf den Haushalt hätte: die Bürger dürfen dann
nicht über Steuern bestimmen (Mehr- oder Min-
dereinnahmen für den Fiskus) und nicht über Gesetze, die Kosten verursachen. Das „Bedingungslose
Grundeinkommen", also eine monatliche Zahlung
an jeden Bürger, lässt sich so dann nicht einführen –
und wenn es 100% Zustimmung gäbe. Dem liegt vor
allem zugrunde, dass die Parlamente ihre „Budget-
hoheit" nicht aus der Hand geben wollen, weil Entscheidungen übers Geld natürlich der wesentliche
Machtfaktor sind, aber auch die paternalistische
Befürchtung, Wähler würden vor lauter Egoismus
sofort alle Steuern abschaffen – zumindest jene, die
die Mehrheit zu zahlen hat. Und damit bräche dann
der Staat zusammen.

Das tatsächlich größte Manko der Volksgesetzgebung ist jedoch ein anderes: die demokratische
Mitbestimmung ist reduziert auf die Möglichkeit, Ja
oder Nein zu etwas zu sagen. So wie wir bei Wahlen
nur einer der kandidierenden Parteien oder einem
der Kandidaten unsere Stimme und damit unsere
Unterstützung zukommen lassen können, ist auch
im Wege der Volksgesetzgebung nur über das vorhandene Angebot abzustimmen. Es gibt keinen
Dialog, es sind keine kreativen Vorschläge er-
wünscht - es gibt nur Ja oder Nein zu einem vorhandenen Angebot.[39]

Zu den einzelnen Reizwörtern und Kritikpunkten:

Minderheitenschutz

„Minarettverbot" wurde 2009 zum Wort des Jahres in der Schweiz gekürt, nachdem per Volksabstimmung der Neubau von Minaretten verboten worden war. „Minarettverbot" ist damit auch zu einem Schlagwort gegen direkte Demokratie geworden, weil die Mehrheit eine (zum großen Teil ohnehin nicht stimmberechtigte) Minderheit bevormundet hat. Tatsächlich ist das Problem an der Entscheidung aber nur ihre mögliche Willkür, der Mangel an Grundsätzen, wie das bei so vielen dubiosen Einzelfallentscheidungen ist. Passt hingegen das Minarettverbot zu den Grundsätzen (also der Verfassung), ist dagegen auch nichts einzuwenden, wie sehr auch Einzelne[40] die Entscheidung für verfehlt halten mögen.

Minderheitenschutz kann ja nur bedeuten, die Interessen einer Nicht-Mehrheit besonders genau zu prüfen und sich zu fragen: Was wäre wenn? Wenn man das auch mit anderen täte, mit mir, mir uns, mit mir Nahestehenden?

Denn ansonsten richten sich ja sinnvollerweise in einer Demokratie Verbote immer an eine Minderheit. Auch wenn ich Igel auf dem Teller mögen würde, dürfte ich sie nicht essen, weil die Mehrheit nun mal beschlossen hat, dass man zwar Schweine und Kühe und Schafe und Hühner und Pferde schlachten darf, nicht aber Igel (und Hunde und Katzen und Wellensittiche). Es dürfte sehr schwer fallen, dies als nicht-willkürlich zu begründen. Und letztlich wird eine Gesellschaft immer mit solcher zur Norm erhobenen Willkür leben. Im deutschen Grundgesetz nennt sich das dann zum Beispiel „Sittengesetz", was das Konglomerat ethisch dominierender Haltungen meint, wie sinnvoll oder unsinnig sie auch sein mögen (und deswegen zu einer langen Reihe mir absurd anmutender Gerichtsurteile führt).

Man kann eben ein Minarett als störend empfinden oder einen läutenden Kirchturm, ein geparktes Auto oder ein lila angestrichenes Haus. Die Frage ist wie immer in einer Gesellschaft: wie viel Toleranz müssen wir uns abverlangen, um selbst in Frieden und nach möglichst eigener Bestimmung leben zu können? Denn die nächste Einschränkung könnte uns selbst treffen.

Das können gerade nicht die Juristen entscheiden (die es aber meist tun), weil uns mit theoretisch konstruierter Richtigkeit noch lange kein Gerechtigkeitsgefühl überkommen mag. Es wäre praktisch, könnte man sich auf simple Grundsätze wie „Du sollst nicht töten" einigen. Das ist aber bisher nicht gelungen. Und solange gibt es – unbefriedigende und ungerechte! – Willkür. Schwein ja, Hund nein. Mensch: Kommt drauf an. Todesstrafe: auf keinen Fall. Todesschuss im Krieg: natürlich, wozu machen wir das sonst (und wozu sonst haben wir das gelernt[41]). Todesschuss der Polizei: im Zweifel immer Notwehr.

Dabei haben wir ja in Deutschland all diese Willkür-Regelungen gerade nicht einer Volksgesetzgebung zu verdanken, sondern dem professionellen Abwägen unserer Abgeordneten.

Das schweizerische Minarettverbot ist von daher weit plausibler als ein deutsches Kopftuchverbot. Dass männliche Homosexualität in Deutschland bis 1994 unter Strafe stand (während heute nur noch über die Gleichstellung gesprochen wird) entstammte keiner emotionalen Volksgesetzgebung, sondern der Haltung unserer angeblichen Vertreter.

Nichts spricht dafür, dass Berufspolitiker weniger willkürlich entscheiden als Wähler, im Gegenteil: sie sind es, die sprunghaft agieren, weil es die politische Machtsituation gerade verlangt. Und nichts lässt erkennen, dass Berufspolitiker schützenswerte Minderheiten mehr berücksichtigen als es das Volk täte, wenn es denn entscheiden dürfte.

Volksgesetzgebung verlangt immerhin öffentliche Argumente. Wie weit sich jeder Stimmberechtigte damit beschäftigt, ist selbstredend nicht steuerbar. Aber bei den bezahlten Politikern haben wir auch keinen Einfluss darauf, was sich in ihrem Kopf bewegt oder stillsteht.

Minderheiten-Entscheidungen

Wenn das Quorum eines Volksentscheids nicht bei 50% liegt, also auch bei Teilnahme von weniger als der Hälfte der wahlberechtigten Bevölkerung ein gültiges Ergebnis produziert wird, bestimmt die Minderheit über die Mehrheit – so lautet ein weiterer Kritikpunkt. Das ist in der Tat nicht von der Hand zu weisen.[42] Ronni Grob vom Verein „DirekteDemokratie.com" schrieb in einer Onlinedebatte vor zwei Jahren dazu:

„Wer sich nicht beteiligt, obwohl er die Möglichkeit dazu hat, hat sich nicht über dadurch entstehende oder entstandene Probleme zu äußern. So einfach ist das. Demokratie wird gemacht von jenen, die an ihr teilhaben wollen. Wer nicht partizipiert, akzeptiert freiwillig das Diktat der anderen."[43]

In Bayern stehen mit der Landtagswahl 2013 auch fünf Vorschläge zur Änderung der Landesverfassung zur Abstimmung. Der nüchterne Gesetzestext umfasst schon 8 A 4-Seiten, ohne Erläuterungen oder Pro- und Contra-Argumente. Allein die Menge kann einen überfordern, und es muss zulässig sein, die freiwillige Beschäftigung mit (komplizierten) Themen abzulehnen. Damit gibt man sich aber nicht zufrieden mit dem, was andere entscheiden. Denn diese ungute Situation haben wir ja schon im Bundestag: da geben Parteispitzen und Juristen vor, wie Gesetze gemacht werden, und der gemeine Abgeordnete stimmt dem zu in der Annahme, die werden schon wissen was richtig ist. Spätestens an dieser Stelle scheitert die Demokratie und wird zur Autokratie.

Natürlich wäre es wünschenswert, dass all diejenigen, die sich bewusst zu einem Volksbegehren oder Volksentscheid nicht äußern wollen, dies so auch bei der Abstimmung kund täten (und nicht einfach auf die Abstimmung verzichten). Aber das Problem ist von den Nichtwählern bekannt und auch dort nicht so einfach zu übergehen. Dabei geht es nicht um ein philosophisches Ziel der größtmöglichen Beteiligung um der Beteiligung willen, sondern um bestmögliche Entscheidungen, die unwahrscheinlicher werden, je mehr Individuen und Gruppen sich nicht einbringen (können).

Ausgrenzung der Unterschicht

Volksabstimmungen sind wie Wahlen selbstselektiv, solange es keinen Teilnahmezwang gibt. Von beiden Beteiligungsformen macht die „Unterschicht" überproportional wenig Gebraucht. „Nicht das Volk in seiner Gesamtheit, sondern die höheren und mittleren Schichten, die Gebildeten und überproportional die Männer stimmen typischerweise bei Referenden ab", sagt Wolfgang Merkel. Damit sorgten Volksabstimmungen für eine „Überrepräsentation jener gut situierter Schichten, die schon in den Organisationen und Institutionen der repräsentativen Demokratie überproportional vertreten sind" (Merkel 2011). Das ist zwar richtig, allerdings darf man die Volksgesetzgebung nicht mit Wahlen vergleichen, sondern muss sie Parlamentsentscheidungen gegenüberstellen. Und da ist die große Gruppe der Teilnehmer an einer Volksabstimmung für die Gesamtbevölkerung immer noch weit repräsentativer als die Zusammensetzung des Parlaments. Wer an einer Abstimmung teilnimmt, hat bei seiner Entscheidungsbildung womöglich nicht nur an sich gedacht, sondern auch an seine (nicht stimmberechtigten oder politisch uninteressierten) Kinder, an die eigenen, nicht mehr politisch aktiven Eltern, an Bekannte aus einem Verein oder der Firma. In der Summe kommen weit mehr Überlegungen zusammen.

Das Ergebnis einer Volksabstimmung spiegelt unbestritten nicht die Meinung des gesamten Volkes wieder. Aber das tun Parlamentsentscheidungen sicherlich meist noch weniger, und deshalb kann das Referendum ein Korrektiv sein, eine Verbesserung.

Todesstrafe

Das Lieblingsargument angeblich Intellektueller gegen direkte Demokratie: mit Einführung der Volksgesetzgebung hätten wir in Deutschland ruckzuck wieder die Todesstrafe, spätestens nach einem mediengehypten Verbrechen.

Zunächst ist die Frage, ob über die Todesstrafe überhaupt entschieden werden könnte, wenn man entsprechende Grundsätze vereinbart hat (siehe vorangegangenes Kapitel). Es geht also gar nicht um die Frage der auch in Deutschland dafür notwendigen Verfassungsänderung an sich, sondern um das große Ganze, den Kontext, die Zielrichtung des Gemeinschaftslebens.

Wenn dann aber die notwendige Mehrheit die Todesstrafe fordert – von welcher Gottesmacht getragen wollten einzelne dies aufhalten müssen? (Direkte) Demokratie wird immer dann kritisch gesehen, wenn sie gerade nicht meine persönlichen Wünsche zu realisieren scheinen, wenn ich mich also mit meinen Ansichten am Rand befinde. Dann muss – so die Kritiker – eben paternalistisch das Volk vor dem Volk beschützt werden.[44]

Destruktive Referenden
Mit dem Volksentscheid kann ein Gesetzentwurf beschlossen oder verworfen werden. Nach der in Deutschland gebräuchlichen Doktrin, auch ein schlechtes Gesetz sei besser als kein Gesetz (weshalb die Bundesrepublik ja massig Nazi-Gesetze übernommen hat), finden es Kritiker ungebührlich, wenn das Volk ein mühsam von Politikern und Verwaltung erarbeitetes Gesetz einfach ablehnen.

Tatsächlich aber werden noch deutlich zu wenige Gesetze via Volksentscheid bzw. Referendum verworfen. Die Wähler haben ja gar keine andere Möglichkeit, als so lange an Gesetzentwürfen herumzumäkeln, bis etwas vorliegt, das ihre ehrliche Zustimmung finden kann.

Lobbyismus
Volksbegehren und Volksentscheid verlangen jeweils eine Initiativgruppe, die genügend Interesse aufbringt, für die gewünschte Veränderung politisch aktiv zu werden, Öffentlichkeitsarbeit zu machen, die benötigten Unterschriften zu sammeln, für die Teilnahme und ein bestimmtes Abstimmungsverhalten zu werben. Dies erfordert erhebliche Ressourcen. Eine noch so gute Gesetzesidee wird es derzeit schwer haben, den Weg der Volksgesetzgebung erfolgreich zu gehen, wenn nicht Vereine, Verbände, Parteien, Gewerkschaften, Kirchen oder andere starke Partner zur Verfügung stehen.

Dies ist m.E. eine große Schwäche direkter Demokratie mittels Volksabstimmung. Damit Volksgesetzgebung akzeptiert werden kann, braucht es für jedes einzelne Verfahren eine breite öffentliche Debatte, die sicherstellt, dass sich alle Stimmberechtigten ausführlich genug mit der zur Entscheidung anstehenden Frage beschäftigen konnten. Eine unabhängige Stelle gibt es nicht, die für die Fairness in der Auseinandersetzung sorgen könnte und wollte, und die Medien übernehmen diesen Job empirisch betrachtet nicht. Man kann hier nur relativierend betonen, dass es in der parlamentarischen Gesetzgebung nicht fairer zugeht. Politiker greifen die Themen auf, die ihnen – aus welchen Gründen auch immer – opportun erscheinen. Und man sollte den viel beschworenen Menschenverstand der Wähler nicht komplett desavouieren: Die parteiübergreifend im Bundestag beschlossene Legalisierung der Penis-Beschneidung nicht einwilligungsfähiger Jungen hatte in der Öffentlichkeit eine starke Lobby, Kritik gab es nur von wenigen Gruppen – aber in einem Referendum wäre dieses Gesetz mit Sicherheit gekippt worden.[45]

Wahlrechtsänderungen

Es gibt eine ganze Reihe interessanter Vorschläge zur Änderung des Wahlrechts (u.a. gut lesbar bei Weyh (2007). Zu den prominenteren gehören die Senkung des Wahlalters auf 16 (oder sogar 14) Jahre, die Einführung eines Familienwahlrechts (bei dem die Eltern Stimmen für ihre noch nicht stimmberechtigten Kinder haben), die Möglichkeit einer direkten Personenwahl (womit man also die Listenreihenfolge der Parteien verändern könnte, wie das bei Kommunalwahlen schon weitgehend üblich ist) oder die Umstellung von Verhältnis- auf Mehrheits-wahlrecht. Da all solche Vorschläge aber nichts an der parlamentarischen Parteienherrschaft ändern, müssen sie hier nicht weiter vertieft werden. Bis auf eine noch: die Quotierung.

Das Wort „Frauenquote" hat es inzwischen bis in Wahlprogramm der CDU/CSU geschafft, die börsennotierten oder mitbestimmungspflichtigen Unternehmen mittels einer „verpflichtenden ‚Flexi-Quote'" zu mehr Weiblichkeit in Vorständen und Aufsichtsräten verhelfen will.[46] Über Frauenquoten wird an allen Ecken und Enden diskutiert, schon seit Jahrzehnten auch in den Meta-Diskussionen, wenn auf den Redebeitrag eines Mannes zwingend der einer Frau folgen muss und andernfalls die Männer, die noch etwas sagen wollten, kein Rederecht be-kommen. Dass Frauen in einigen Gremien unterre-präsentiert sind, steht außer Frage. Was allerdings Frauen grundsätzlich anders machen und meinen als Männer, wird kaum öffentlich besprochen und ist wohl auch nur sehr sexistisch zu begründen. Frauenquoten sollen daher auch regelmäßig nicht dem Allgemeinwohl dienen, sondern dem berufli-chen Interesse einzelner Frauen.

Denn wenn es um grundlegend unterschiedliche Sichtweisen der Welt ginge, die Männer und Frauen haben, oder um die natürlich verschiedenen Ver-haltensweisen, Interessen und Bedürfnisse, läge es nahe, ganz andere Quoten für dringlicher zu halten: etwa eine Bildungsquote, eine Einkommens-quote, Religionsquoten, Lieblingsfernsehsendungs-Quoten und dergleichen mehr. Wenn es also darum ginge, im Parlament oder in einem anderen Entscheidungsgremium repräsentativer die vertretene Gesamtheit abzubilden, gäbe es noch andere Dimorphismen als den sexuellen. Aber eine Arbeitslosenquote im Bundestag wird meines Wissens nicht diskutiert, die Zahl der Rechtsanwälte, Lehrer und Beamten soll auch nicht auf das repräsentative Maß zurückgestutzt werden.

Man kann natürlich sagen: eine Quote, die Gerechtigkeit in diesem einen Bereich herstellt, ist schon mal besser als gar keine Quote. Für die Demokratisierung Deutschlands ist das allerdings noch wenig hilfreich. Denn möglicherweise schafft man mit der einzigen Quote, um die es derzeit geht, eine formale Gerechtigkeit zwischen den beiden Geschlechtern, verschärft damit aber die Ungleichheit in anderen Bereichen.

Konkret: im Bundestag der 17. Wahlperiode waren 204 von 622 Abgeordneten Frauen (32,8%). Für eine halbwegs gerechte 50% Frauenquote hätten demnach 107 männliche Parlamentarier durch weibliche ersetzt werden müssen. In der CDU/CSU-Fraktion gab es sogar nur 20,1% weibliche Mitglieder. Die Union hätte also 71 ihrer 191 männlichen Abgeordneten durch Frauen ersetzen müssen, fast jeder dritte Unions-Mann säße demnach nicht im Parlament. Die Frage ist weniger, ob der Verlust dieser 71 Männer für die parlamentarische Demokratie zu verschmerzen wäre, sondern wie sich die Politik geändert hätte, wenn die Union statt ihrer 49 Frauen 120 hätte aufbieten müssen. Unterdrückt die Union wirklich dieses enorme Potential – oder hätten – in

Anlehnung an gewisse Diskussionen aus der bayerischen Landespolitik polemisch gesprochen – die Gattinnen der ursprünglich nominierten Männer den Job machen müssen? Gäbe es mehr Intelligenz, Weitsicht, Lebenserfahrung – oder meinetwegen auch Witz – im Bundestag, wenn die Union eine 50% Frauenquote zu erfüllen hätte?

Mit Blick auf die Rekrutierungspraxis schwindet die Hoffnung. Die beiden Parteien müssten vermutlich sehr weit ans Ende ihrer KandidatInnen-Listen greifen, um die Abgeordnetenplätze mit Frauen besetzen zu können. Das könnte die Chance auf „Normalbürgerinnen" erhöhen, es würden vielleicht Frauen in den Bundestag kommen, die nie damit gerechnet hatten. Aber das dürfte ein Einmaleffekt sein (denn man weiß: es werden für die Landeslisten der Parteien immer auch Bewerber für die ganz sicher aussichtslosen Plätze gesucht, also Leute, die sich keine Sorge machen müssen, tatsächlich in Berlin zu landen.

Um dem Chauvi-Vorwurf direkt zu begegnen: mein Vorschlag garantiert einen 50-Prozent-Frauenanteil im Parlament, der im Moment von CDU, CSU, SPD und FDP bei weitem nicht erreicht wird[47] – aber ohne eine Quotierung, die am Ende nur noch mehr Verzerrung schafft.

Quatsch-Parteien

Den Rat, dass Kritiker der gegenwärtigen Parteienherrschaft einfach selbst eine Partei gründen sollen, gibt es immer wieder – zu jeder Wahl treten solche Vögel an.

Für unser Thema am nächstliegendsten ist so etwas wie die „Partei der Nichtwähler". Sie möchte die Nichtwähler motivieren, statt Stimmenthaltung zu üben doch sie zu wählen. Dabei will sie sich – soweit es dem dünnen Programm zu entnehmen ist - gar nicht wirklich der Politik enthalten, stattdessen hofft sie: „den politisch Frustrierten wieder Hoffnung auf grundlegende Veränderung und Reform der Politik zu geben und ihnen statt des ‚Neinsagens' eine Stimme zu geben, indem sie sich für das Reformprogramm der Partei der Nichtwähler aussprechen. Die negative Abkehrhaltung von der Politik soll in ein positives Reformbemühen umgewendet werden." Was das bei Wahlerfolg der Nichtwähler heißt? „Die Partei der Nichtwähler ist kompromissbereit und offen zur Zusammenarbeit mit den etablierten Parteien und deren Vertretern, aber nicht auf der Basis von Koalitionsverträgen, sondern mit Einzelfallentscheidungen für die jeweils beste Lösung."

Da haben andere das Parteienwahlsystem schon lustiger karikiert (und um jetzt nicht ungewollte Wahlwerbung zu betreiben, sei mal keine der „Parteien" genannt). Völlig unlustig sind jedenfalls diejenigen, die über Jahre hinweg mit der ewig gleichen Masche Scherz zu treiben versuchen – wie „Die Partei", ein Konstrukt des Satiremagazins „Titanic", seit Jahren auch durch Martin Sonneborn intensiv über „Spiegel-Online" promotet (wo er die Satire-Rubrik mitgestaltet). Ich habe mir Versammlungen dieser Satiriker angesehen, die Nazi-Dramaturgie kopieren und als Persiflage ausgeben. Gesehen habe ich vor allem pickelige, schmächtige Bummelstudenten, die in ihrer Statistenrolle als Saalordner oder Claqueure völlig aufgegangen sind[48] – ein paar Stimmen mehr für diese Affen, und „Die Welle" lässt grüßen.

Der Versuch, die Parteiendemokratie als Partei zu verändern, dürfte wohl von vornherein aussichtslos sein. Die Grünen sind auch mal so angetreten – und haben sich an die Macht verkauft. „Die Linke" ist ebenfalls als Reformidee gestartet, hat sich dann mit der PDS zusammengetan und ist ein stink-normaler, halt irgendwie linker Parteihaufen geworden.

Nach den „Piraten" wirbt nun eine „Alternative für Deutschland" um Zustimmung – aber die Entwicklung ist vorhersehbar: wer nicht als (langlebige) Eintagsfliege bald wieder verschwindet, passt sich dem System an und wird eben – einfach Partei.

Es gibt sicherlich Kleinstparteien mit respektablen Anliegen – aber es ist eben gar nicht möglich, sie nur in diesem Anliegen zu unterstützen. Sie müssen die gesamte Themenpalette bedienen, und spätestens mit Einzug ins Parlament müssen sie zu jedem Thema eine Meinung haben. Die wird dann aber nur noch zufälligerweise etwas mit der Meinung ihrer Wähler zu tun haben. Monothematische Parteien können solange ihren Stiefel fahren, wie sie nicht gewählt sind. Leider sind sie bis dahin auch komplett bedeutungslos. Schaffen sie aber den Einzug ins Parlament, müssen sie ihr Herzensanliegen permanent hintanstellen, weil es im Parlament nun mal überwiegend um anderes gehen wird als ihr eigentliches Thema.

Den Grünen wird selbst von Unionspolitikern zugute gehalten, sie hätten den Umweltschutz in die Politik getragen. Schön. Wer aber „Grün" gewählt hat, hat nach der Logik der Legitimationskette auch Hartz IV gewollt, den deutschen Einmarsch in Afghanistan und das Sicherheitspaket II oder Terrorismusbekämpfungsgesetz (mit gravierenden Änderungen in 20 bestehenden Gesetzen), um nur mal drei Highlights zu nennen.

Die Gründung neuer Parteien ist also – empirisch betrachtet – kein demokratischer Fortschritt.

Außerparlamentarische Opposition

Natürlich nicht mehr unter diesem Namen, aber nach dem selben Prinzip versuchen es immer wieder Gruppen, in der Politik mitzumischen: außerhalb des Parlaments. Dabei ist ja schon der Ansatz mehr als fragwürdig: Eine Interessengruppe will die Politik gewählter Parteien verändern, sie also abbringen von dem, wofür sie im Idealfall mal gewählt worden sind (vgl. Kapitel 4).

Auch in der derzeitigen Parteienherrschaft können gesellschaftliche Gruppierungen legitimerweise ihre Anliegen vortragen – aber dies sollte öffentlich geschehen, also quasi im „Dreiergespräch" mit der Partei, deren Politik man gerne verändern möchte, und den Wählern dieser Partei, die ihr ja überhaupt erst zu Einfluss verholfen haben.

Aber das Eigeninteresse geht stets vor, und so freut sich auch der Lobbyist mit bester demokratischer Grundhaltung, wenn er einen Abgeordneten dazu bewegen konnte, sich anders zu verhalten als der es bis dahin getan hat. Im Ergebnis werden das immer einige gut und andere schlecht finden – nur mit Demokratie hat der Sinneswandel dann nicht viel zu tun, solange der Politiker seine Wähler nicht restlos von seinem Sinneswandel überzeugen konnte (wenn er es überhaupt versucht hat).

Kapitel 8

ALEATORISCHE DEMOKRATIE

Die bis heute übliche Festlegung der Leitung eines Landes – der Herrscher – erfolgt:

a) durch Geburt, Abstammung, Heirat (Devolution)

b) durch Gewalt (Putsch und folgende Diktatur, Eroberung oder Kolonisierung eines anderen Landes)

c) durch Wahl.

Eine entscheidende Variante ist dabei aus der Mode gekommen:

d) der Losentscheid.

Als klänge das nicht schon verrückt genug, spricht Hubertus Buchstein (Lehrstuhl für Politische Theorie und Ideengeschichte an der Universität Greifswald) gerne von „Lotterie" – was wohl noch provozierender wirkt. Dabei ist die Sache sehr einfach, sehr alt, ausgesprochen fair – und höchst demokratisch.

Das Losen selbst ist uns allen vertraut, und solange es nicht mit Politik in Verbindung gebracht wird, hegt auch niemand Zweifel an der Egalität des Verfahrens: alles, was man so als „Stichprobe" kennt, wird korrekterweise per Los entschieden, etwa welche Steuererklärung beim Finanzamt einer genaueren Prüfung unterzogen wird. Immer, wenn nicht alle zum Zuge kommen können, bietet sich das

Auslosen an – ob die Ausgelosten das nun als Glück oder Pech empfinden. Während des Vietnamkriegs wurde in den USA zum Beispiel ausgelost, welche Wehrpflichtigen in der US Army kämpfen müssen.

Für die Besetzung politischer Ämter oder Gremien wird das Losverfahren heute kaum irgendwo genutzt. Dabei ist das stattdessen benutzte Wahlverfahren alles andere als unproblematisch.

Eine Wahl setzt zunächst einmal voraus, dass sich Bewerber finden. Das ist aber längst nicht immer der Fall. In den meisten Vereinen findet sich schnell ein Kandidat für den stellvertretenden Vorsitz – aber Vorsitzender, Kassenwart oder Protokollführer möchte niemand sein (weil diese Posten mit einiger Arbeit und wenig Glamour verbunden werden). Was läge da näher, als das Los entscheiden zu lassen?

Wenn sich unter den Kindern oder Jugendlichen niemand findet, der das Amt des Klassensprechers übernehmen will (weil der Job nach Konflikten mit den Lehrern riecht), er aber gleichwohl notwendig ist, könnte man ihn auslosen. Dies würde seine Position sogar insoweit stärken, als man dem ausgelosten Klassensprecher keine persönlichen Ambitionen unterstellen kann, vielmehr ist ihm die Aufgabe per Los zugefallen.

Eine Wahl muss auch keineswegs demokratisch sein in dem Sinne, dass sich am Ende der Wille des Souveräns im bestellten Personal ausdrückt. Denn was ist, wenn für ein Amt nur Leute kandidieren, die man nicht haben möchte, für gewissenlos oder ungeeignet hält? Man kann ja niemanden zu einer Kandidatur zwingen. Und es gibt gewichtige Gründe,

die gegen eine Wahlkandidatur sprechen: Viele
Leute haben Angst vor der Niederlage. Selbst wenn
man sich selbst ein Amt zutraut – was ist, wenn die
Wähler das anders sehen? Ist man dann blamiert?
Dass sich bei Elternabenden in der Schule meist
nur sehr schwer Kandidaten für das Wahlamt des
Elternbeirats finden, ist ja nicht (nur) damit zu begründen, dass die meisten Eltern kein Interesse an
einer guten Schulpolitik haben. Man meldet sich
schon mal mindestens nicht freiwillig als Kandidat -
sondern wartet, dass einen andere vorschlagen. Und
auch dann ziert man sich noch, man habe ja so viel
zu tun, eigentlich keine Zeit, sei auch gar nicht der
Richtige für den Posten... In diesem Klima wird
nur selten der Geeignetste gewählt, eher derjenige,
der nicht energisch genug widerspricht – oder der
aus welchen Gründen auch immer sowieso scharf
auf jeden Posten ist. Viel entspannter wäre die Situation, einigte man sich auf das Losverfahren. Dazu
muss man sich nur einig sein, dass tatsächlich jeder
Elternteil gleichermaßen im Stande sein wird, die
Interessen der anderen gegenüber der Schule zu
vertreten – und diese Interessen bespricht man ja
schließlich gemeinsam beim Elternabend oder bei
einer Klassenversammlung. Beim Losverfahren
muss niemand große Reden schwingen, sich selbst
vermarkten als besonders eloquent, toll, engagiert –
man übernimmt die Aufgabe ggf. einfach, weil das
Schicksal sie einem vorübergehend zugetragen hat.

Problematisch wird dieses simple Losverfahren
immer dann, wenn sich in der Gruppe, aus der gelost
wird, auch Personen befinden, die für den offenen

Posten nicht geeignet sind oder ihn im Falle der Auslosung nicht annehmen. Ein Vereinsmitglied, das nicht schreiben kann, eignet sich halt nicht als Schriftführer. Und wer einen Angehörigen zuhause pflegt, wird zeitintensive ehrenamtliche Tätigkeiten außer Haus nicht übernehmen können.

Deshalb ist das Losverfahren für die Vergabe von einzelnen Aufgaben nur dann sinnvoll, wenn alle, die ausgelost werden können, dafür auch infrage kommen: Wer räumt am Ende der Vereinsversammlung noch auf und macht den Abwasch? Man kann dafür Mitglieder nach dem Alphabet bestimmen (schön für die, die erst am Ende kommen oder wenigstens in der Mitte, falls jemand auf die Idee verfallen sollte, mal beim Buchstaben „Z" und nicht bei „A" zu beginnen) – oder man lost aus: Münze werfen, Streichholz ziehen oder „Stopp" rufen lassen, während man mit dem Finger über die Mitgliederliste fährt – das Losverfahren ist so unbekannt im Alltag dann ja doch nicht. Sinn des Losens ist in all solchen Fällen, aus einer Gesamtmenge Einzelne zu bestimmen – ob es sich nun um ein Ehrenamt handelt oder um die Erledigung eher unattraktiver Aufgaben, der Zufall soll gewährleisten, dass niemand bevorzugt oder benachteiligt wird und es doch immer irgendwen trifft. Das wird – so Mogeln ausgeschlossen ist – stets als fair empfunden. (Auf Jugendfreizeiten haben wir zur Bestimmung des Spüldienstes gerne ein Plastikkrokodil herumgegeben, dessen Zähne im aufgesperrten Maul man eindrücken kann und das an irgendeiner, stets wechselnden Stelle zuschnappt.)

Bedeutungsvoller wird das Losprinzip aber, wenn nicht nur eine einzelne Aufgabe verteilt wird (wie eben die des Klassensprechers oder des Aufräumdienstes), sondern wenn eine ganzes, relativ großes Gremium besetzt werden soll. Dann nämlich macht es auch nicht mehr viel aus, wenn Einzelne aus zu akzeptierenden Gründen nicht zur Verfügung stehen, und es ist nicht tragisch, wenn auch Leute ausgelost werden, die man für ungeeignet halten könnte.

Um gleich in die Vollen zu springen: Stellen wir uns vor, der Bundestag würde nicht durch die Vorauswahl der Parteien und die Stimmanteile der einzelnen Parteien bei der Bundestagswahl besetzt, sondern die Parlamentarier würden direkt aus der Bevölkerung ausgelost. 600 Abgeordnete, die sich nicht um den Job beworben haben, die nicht ihre berufliche Karriere damit geplant haben, sich in einer Partei hochzudienen, um nach Jahren bis Jahrzehnten endlich als Berufspolitiker in einem Landtag oder dem Bundestag zu sitzen, sondern 600 Parlamentarier, die bis zu ihrer Auslosung höchstens im Traum an das Amt des Abgeordneten dachten – so, wie man ja von den sechs Richtigen mit Zusatzzahl beim Lotto höchstens träumt, aber niemals wirklich damit rechnet. So hat es gerade der Feuilletonist Florian Felix Weyh (2013) vorgeschlagen.

Dann hätten wir zunächst mal eine wirkliche Volksvertretung! Denn alle „Schichten", alle Berufsgruppen, alle „politischen Lager" wären nach den Gesetzen der Wahrscheinlichkeit darin vertreten – weshalb man das Gremium auch „Minipopulus" nennen kann, also ein Miniaturabbild des

Volkes. Wir hätten schon mal Männer und Frauen gleichberechtigt bzw. in dem der Bevölkerung entsprechenden Verhältnis als Abgeordnete! Etwas, das Wahlen nicht schaffen und was über eine immer wieder diskutierte spezielle Frauenquote erreicht werden soll. Wir hätten aber auch Beamte, Arbeitnehmer, Selbstständige und Arbeitslose mit sehr großer Wahrscheinlichkeit in dem Verhältnis ausgelost, wie es ihren Anteilen in der Bevölkerung entspricht. Und auch die Altersgruppen wären alle vertreten (soweit man sie zur Auslosung zulässt, also in den „Lostopf" wirft). Obwohl eine solche echte Volksvertretung wohl von den meisten als demokratisch empfunden wird, gibt es hierfür kaum entsprechende Quotenforderungen – sie wären im derzeitigen Parteiensystem auch kaum realisierbar.

Bevor ich das weiter ausmale und mich mit den vielen denkbaren Problemen eines solchen Losverfahrens auseinandersetze: Es ist keine spinnerte Idee, sondern eine ursprüngliche Praxis der Demokratie. Vom antiken Athen („den alten Griechen") wissen wir sicher, dass sie schon vor fast zweieinhalb Jahrtausenden mit dem Losverfahren gearbeitet haben – nicht gerade erfolglos. Nur Ämter, für die man spezifische Kenntnisse und Fähigkeiten als besonders wichtig ansah, wurden per Wahl vergeben (und meist kurz befristet). Ansonsten wurde gelost. Etwa 700 Beamtenposten hatten die Athener um 400 vor Christus zu vergeben, 600 davon wurden per Los besetzt, und auch die Mitglieder des fast täglich zusammentretenden „Rats der 500" („Boule") wurden jährlich ausgelost.

Die „alten Griechen" mögen dem Losverfahren noch eine Bedeutung beigemessen haben, die wir heute überwiegend nicht mehr teilen: dass beim Losen göttliche Kräfte die Auswahl lenken. Wer mag, kann im Zufall immer noch dieses Wirken sehen, doch für das Verfahren sprechen vor allem sehr rationale Gründe[49]:

- Der vielbeschworenen Gleichheit aller Bürger wird durch nichts mehr entsprochen, als wenn man sie alle gleichermaßen für geeignet hält, zeitlich eng befristet Aufgaben für die Gemeinschaft zu übernehmen.

- Der Möglichkeit, Eigeninteressen auf dem Ticket des Gemeinwohls zu vertreten, sind sehr enge Grenzen gesetzt. Man hätte dafür nicht viel Zeit, denn schon bald wird ein anderer an die Stelle gelost werden, und es gibt keine Möglichkeit, sich wegen seiner Eigeninteressen um ein Amt zu bewerben, wenn es denn ausgelost wird. In Athen drohte einem zudem bei schweren Verfehlungen gegen das Allgemeinwohl die 10-jährige Verbannung („Ostrakismos").[50]

- In ausgelosten Gremien wird zielstrebig gearbeitet. Niemand blockiert eine Einigung, um im Wahlkampf mit seinen Ideen punkten zu können, es gibt keinen Selbstbeschäftigungstrieb und durch den steten Wechsel des Personals wird sich ein solches politisches Organ auch nicht verselbständigen und aufblähen, wie das sonst in der Bürokratie ein Naturgesetz zu sein scheint.

- Entscheidungen per Los zusammengesetzter Gremien genießen bei den Bürgern hohe Akzeptanz. Man nimmt ihnen ab, stellvertretend für alle Bürger zu entscheiden.

- Durch den steten Wechsel arbeiten im Laufe ihres Lebens viele Bürger eine zeitlang in Gremien und Ämtern für die Allgemeinheit, was sich auf ihre generelle Einstellung zu der Gemeinschaft nachhaltig positiv auswirkt (vgl. Sturm 2005).
- Das persönliche Interesse an Politik ist kein rein intellektueller Zeitvertreib, sondern angesichts der Möglichkeit, jederzeit selbst für die aktive Mitarbeit ausgelost zu werden, wohl ganz praktisch.

Um es nochmals deutlich zu sagen: Das Losverfahren ist zumindest immer dann geeignet, wenn man eine (nicht zu kleine) Gruppe von Vertretern bestimmen will, die für die Gesamtheit derer, aus der sie ausgelost wird, arbeiten soll, berät und Entscheidungen trifft. Schwierig und zum Teil absurd wird es, wenn man per Los einzelne „Bestimmer" benennt, also Herrscher.

Würden wir etwa in Deutschland den Bundeskanzler aus der Gesamtheit der Bevölkerung auslosen, träfe das Los mit bedrückender Wahrscheinlichkeit ein Kleinkind, einen dementen Greis, einen cholerisch-aggressiven Alkoholiker, einen Neo-Nazi, einen Analphabeten... – also jemanden, der nicht die Kräftemehrheit hinter sich zu vereinen vermag, weil die meisten Bürger zu recht fragen würden: Was sollen wir mit der oder dem? Für die Auslosung solcher Einzelposten müsste der Lostopf selbstverständlich eng beschränkt sein, weil eben längst nicht jeder für die Erfüllung eines bestimmten

Jobs geeignet ist. Um ein solches Losverfahren soll es aber auch hier gar nicht gehen.

Stattdessen geht es um ein Verfahren, welches es möglich macht, eine repräsentative Auswahl aus allen stimmberechtigten Bürgern zu ziehen, um Entscheidungen für alle zu treffen, die nicht von allen gemeinsam getroffen werden können: weil eben 80 Millionen Einwohner in Deutschland oder auch 8 Millionen in Österreich deutlich zu viele sind, um miteinander zu diskutieren. Und selbst wenn man sie alle – Dank Internet – miteinander ins Gespräch brächte, kämen noch lange keine sinnvollen Entscheidungen zusammen, weil sich in dem ganzen Palaver einzelne nicht ob ihrer grandiosen Ideen, sondern wegen ihrer Redegewandtheit, Beliebtheit, ihrer Selbstvermarktung oder auch nur ihrer Dreistigkeit durchsetzen würden.

Das Losverfahren ist als zentrales Element der politischen Steuerung in Vergessenheit geraten, oder genauer: es ist wieder verdrängt worden. Von Machtansprüchen. Ein König will nicht, dass sein Nachfolger ausgelost oder auch nur gewählt wird – er möchte das Zepter der Macht am liebsten an eines seiner Kinder weitergeben. Parteivorsitzende wollen es nicht dem Zufall überlassen, wer sie „beerbt", sie setzen lieber rechtzeitig politische Ziehsöhne oder –töchter ein.

In der deutschen Politik ist das Losverfahren heute nur noch als Tie-Breaker vorgesehen: wenn bei einer Stichwahl beide Kandidaten gleich viele Stimmen erhalten, wird der Gewinner ausgelost. Verwerflich kann man das in keinem Fall finden, denn beide Kandidaten (oder in anderen Fällen: Vorschläge) haben ja gleich viel Zustimmung erfahren. Will man hingegen eine eindeutige Mehrheit entscheiden lassen, muss ggf. immer wieder neu gewählt werden, bis sich wenigstens ein Wähler umentscheidet und so zu einem Ergebnis „50% plus eine Stimme" führt und für eine absolute Mehrheit sorgt. So wird etwa der Bundestagspräsident in einer Patt-Situation per Los bestimmt (§ 2 der Geschäftsordnung des Deutschen Bundestags), ebenso der Gewinner eines Wahlkreises (§ 5 Bundeswahlgesetz).

Hubertus Buchstein (2009: 402) verweist u.a. auf eine Vereinbarung der Koalition aus SPD und FDP in Rheinland-Pfalz von 1996, wonach in Fällen, in denen sich die Partner in einer Sachfrage nicht einigen konnten, das Los entscheiden sollte, ob SPD oder FDP im Bundesrat zu der strittigen Sache die Stimme abgeben dürfen (im Bundesrat kann jedes Bundesland nur eine Position vertreten, also entweder für oder gegen einen Antrag sein oder sich der Stimme enthalten, Koalitionsregierungen können also nicht verschiedene Stimmen abgeben). Tatsächlich kam es dann laut Buchstein nicht ein einziges Mal zu einer solchen Auslosung, weil das im Zweifelsfall drohende Los für eine Einigung der Koalitionspartner gesorgt hat.

In den USA werden Geschworene, die Laienrichter (Schöffen) bei Gerichtsprozessen, per Los bestimmt (ausführlich Buchstein 2009: 341ff).[51] Im Bundesstaat Washington werden die Politikergehälter von einer Kommission festgelegt, der in der Mehrzahl ausgeloste Bürger angehören. Das Münchner Oberlandesgericht hat jüngst viel diskutiert die Presse-plätze im NSU-Prozess ausgelost.

Außerparlamentarisch hat das Losverfahren seit den 1970er Jahren – auch in Deutschland – eine Renaissance erfahren. Unabhängig voneinander kamen die Soziologen Peter Dienel (Universität Wuppertal) und Ned Crosby (University of Minnesota) auf die Idee, Bürgerbeteiligung an politischen Beratungsprozessen mit dem Los zu gestalten. Zugrunde liegt diesen Verfahren stets die Einsicht, dass sich viele strittige Fragen nicht einfach per Abstimmung aller sinnvoll lösen lassen. Denn die wenigsten Stimmberechtigten werden sich in der gebotenen Intensität mit der Abstimmungsfrage beschäftigen, die verschiedenen Positionen dazu zur Kenntnis nehmen und durchdenken und sich so eine fundierte Meinung bilden. Und auch mit der fundiertesten Meinung können die Stimmberechtigten zu den vorhandenen Vorschlägen nur Ja oder Nein sagen - inhaltlich können sie nicht mitreden, sie können nichts ändern oder ergänzen.

Nach Peter Dienels Verfahren werden 25 Bürger aus dem Einwohnermelderegister ausgelost, die sich stellvertretend für alle mit einem Problem beschäftigen und nach viertägiger Beratung, die ganz überwiegend in wechselnden Kleingruppen zu je fünf Bürgern stattfinden, eine Empfehlung geben. Dienel nannte sein Verfahren „Planungszelle", was deutlich macht, dass es nicht um simple Abstimmungen geht, sondern um einen Beratungsprozess. Ned Crosby nannte seine Methode „Citizens' Jury", angelehnt an die amerikanische Gerichtsjury.

In beiden Fällen geht es nicht darum, vorhandene Meinungen abzufragen, wie das Demoskopen Tag für Tag tun und von den Medien dann als Stimmung im Volk verkaufen lassen; sondern es geht darum, sich mit einem Problem zu beschäftigen, die dazu vorliegenden Lösungsvorschläge zu prüfen und letztlich im Konsens einen geeigneten Weg vorzuschlagen, was in Form eines ausführlichen „Bürgergutachtens" geschieht, das der Politik und der Öffentlichkeit übergeben wird. Der Beratung einer Planungszelle oder Citizens Jury geht eine intensive Vorbereitung durch einen unabhängigen Dienstleister voraus, der u.a. die benötigten Informationen einholt, Fachreferenten einlädt, Exkursionen organisiert, sich um den gesamten Ablauf kümmert und dergleichen mehr.

Will man sicher gehen, dass das Votum wirklich repräsentativ ist, lässt man mehrere Gruppen – ggf. an unterschiedlichen Orten – tagen, ohne dass sie sich untereinander austauschen. Wenn auf diese Weise etwa vier Gruppen (also 100 Bürger) zu vergleichbaren Ergebnissen kommen, werden auch diejenigen die Entscheidungen mittragen, die nicht involviert waren.

In den vergangenen 40 Jahren ist dieses Verfahren mindestens in 15 Ländern insgesamt 700 Mal eingesetzt worden (Vergne 2013). Auftraggeber ist dabei zumeist die Politik in Form eines Ministeriums oder kommunalen Amtes. Schon 1991 hat sich etwa das Bundesministerium für Post und Telekommunikation mittels Planungszelle zum Thema ISDN beraten lassen. Der Freistaat Bayern hat mehrmals Bürgergutachten in Auftrag geben. Die Landesregierung Rheinland-Pfalz hat im Jahr 2008 gleich an drei verschiedenen Orten insgesamt 6 Planungszellen mit 150 ausgelosten Bürgern zur Kommunal- und Verwaltungsreform durchführen lassen. Im Vorwort des fast 200 Seiten starken Bürgergutachtens schreibt der damalige Ministerpräsident Kurt Beck: „Mit viel Kreativität erarbeiteten [die Planungszellen-Teilnehmer] Vorschläge und Empfehlungen für eine moderne und bürgernahe Verwaltung. Mit hohem Sachverstand haben sie sich an den Diskussionen beteiligt und als Expertinnen und Experten in eigener Sache zu komplexen und schwierigen Themen wie der Neuverteilung von Verwaltungsaufgaben und –zuständigkeiten, interkommunaler Zusammenarbeit oder möglicher Gebietsveränderungen zu Wort gemeldet."

Zu den prominentesten Freunden der Planungszelle dürfte Bundespräsident Johannes Rau gehört haben.[52]

Auch auf europäischer Ebene wurden in den letzten Jahren Planungszellen durchgeführt, ferner in verschiedenen EU-Ländern wie Großbritannien, Frankreich, Spanien und Österreich.

Eingesetzt wird die Planungszelle / Citizens' Jury[53] zur Bürgerbeteiligung meist entweder, um unabhängig vom politischen Profibetrieb Meinungen der „normalen Bürger" einzuholen, oder wenn die für Entscheidungen zuständigen politischen Gremien zerstritten sind.

Ich habe das Verfahren zunächst theoretisch kennengelernt – im Zuge einer Buchrecherche vor 10

Jahren. Nach Gesprächen mit Peter Dienel konnte ich im November 2006 eine der beiden Berliner Planungszellen zu den „Eckpunkten für ein zukünftiges Europa" als Mitarbeiter begleiten. Nach weiterer intensiver Beschäftigung mit dem Verfahren und dem Austausch im Kreis der Planungszellen-Protagonisten habe ich 2009 und 2010 für einen Verband selbst zwei Planungszellen organisiert und diese wissenschaftlich begleiten lassen (Rieg 2013a). Nach diesen Erfahrungen bin ich mehr denn je davon überzeugt, dass die Methode Planungszelle nicht nur für mehr oder weniger unverbindliche Beratungen taugt, sondern auch als Entscheidungsgremium.

Schon derzeit, wo es „nur" um die Erstellung eines Bürgergutachtens geht, nehmen die ausgelosten Bürger das ihnen zugefallene Mandat sehr ernst und arbeiten hoch engagiert, leidenschaftlich und zielorientiert – und das unabhängig von ihrem Alter, das zwischen 14 und 75 Jahren lag. Dies muss man eigentlich nur für Berufspolitiker betonen, denn sonst wird es niemanden wundern, dass Freiwillige mindestens so engagiert an einer Sache arbeiten wie diejenigen, die beruflich damit befasst sind. Niemals wird man auf einem Stadtfest so unfreundliches Thekenpersonal finden wie in vielen Gaststätten und Läden. Ganz selbstverständlich vertrauen wir im Schadensfall unser Leben und unser Hab und Gut (außerhalb der Großstädte) den Freiwilligen der Feuerwehr an. Der gesamte Freizeit- und Sozialbereich wäre ohne die Tatkräftigkeit Ehrenamtlicher nicht denkbar. Und selbst in der Politik wird mit Laien gearbeitet – jedenfalls auf kommunaler Ebene.

Die sogenannte „aleatorische Demokratie" oder auch „Demarchie" (Burnheim 1987), bei der Entscheidungen von ausgelosten[54] Bürgern als Stellvertretern getroffen werden, ist die beste Annäherung an die „unmittelbare Demokratie", bei der sich wie etwa noch in einigen kleinen Schweizer Kantonen das gesamte stimmberechtigte Volk zur unmittelbaren Diskussion und Abstimmung versammelt. Aleatorische Demokratie setzt wie heute fast überall in der Gesellschaft auf Arbeitsteilung; es müssen sich also nicht alle Bürger mit den anstehenden politischen Entscheidungsfragen befassen, sondern nur eine kleine, zufällig ausgeloste Gruppe. Die Arbeitsteilung ist dabei anders als in unserer „repräsentativen Demokratie" allerdings nicht auf Dauer angelegt, sondern zeitlich befristet und nicht verlängerbar, da die Nachfolger erneut per Los bestimmt werden.

Will man eine Gruppe beauftragen, stellvertretend für die Gesamtbevölkerung bzw. die Gesamtheit stimmberechtigter Bürger Entscheidungen zu treffen, wie dies im Parlamentarismus der Fall ist, gibt es keine exaktere, repräsentativere und damit demokratischere Möglichkeit als das Losverfahren zu nutzen:

• In einer entsprechend großen, ausgelosten Gruppe kommen alle Interessengruppen, Berufe, Alterskohorten, Sozialmilieus und so weiter nach den Gesetzen der Wahrscheinlichkeit im richtigen Maß vor.[55] Allen Anfechtungen im Detail kann man dabei entgegnen, dass ein so zusammengewürfeltes Parlament in jedem Fall weit mehr der

Bevölkerung entsprechen wird als jeder Bundestag oder Landtag oder Fachausschuss seit 1949.

- Es gibt keine Gewinner und Verlierer. Wer ausgelost wird, muss sich bei niemandem wortschwülstig bedanken, wer nicht ausgelost wird muss keine Häme fürchten. Das ist bei Wahlen ganz anders.
- Das Los ist unbestechlich und unverwirrbar. Es lässt sich durch kein Dekolleté oder Lächeln, keine Seilschaft und keinen Scheck beeinflussen – das Los ist so blind wie die antike Justitia – und deshalb liest es u.a. auch weder BILD-Zeitung noch Spiegel-Online.

Müßig, aber gleichwohl oft gestellt ist die Frage, ob das Losverfahren auf Freiwilligkeit beruhen kann oder mit der Pflicht zur Teilnahme verbunden sein muss. Selbstverständlich müssen die Rahmenbedingungen so sein, dass möglichst jeder aus der Gesamtbevölkerung Ausgeloste das ihm angetragene Amt auch annehmen kann: er muss dafür von seinen beruflichen, schulischen oder sonstigen Pflichten freigestellt werden, er muss dafür angemessen alimentiert werden, es braucht vielleicht weitere Angebote (wie Kinderbetreuung oder Unterstützung im eigenen Betrieb). Aber was ist mit denen, die partout nicht wollen oder nicht können? Muss man dem Milliardär mit Tausenden Euro pro Tag sein Engagement fürs Gemeinwohl vergelten, ohne die er sich als Verlierer der Demokratie sehen würde? Muss auch der Sofaträgeste vorm Fernsehen weggeholt werden, um seinen Beitrag für die Demokratie

zu leisten? Ich bitte darum, diese Frage hintanzu-
stellen, sie ist nur akademischer Natur. Denn auf die
Beratung und Entscheidung in einer entsprechend
großen, ausgelosten Gruppe haben solche Sonder-
fälle keinen Einfluss – natürlich, muss man sagen,
denn das ist ja die Stärke des Verfahrens: es ist nicht
abhängig von einem Einzelnen, seine Kraft entfaltet
es durch das Zusammenwirken der Vielen.

Nicht gesagt ist bisher, was in einer aleatorischen Demokratie von den ausgelosten Bürgern zu
entscheiden ist: Machen sie die Gesetze? Müssen
sie ihre Zustimmung geben zum Haushaltsplan, zu
einem Kriegseinsatz, zu internationalen Verträgen?
Wählen sie eine Regierung oder sind sie diese selbst
oder wird auch diese ausgelost?

Da es derzeit nirgends eine aleatorische Demokratie gibt, fehlt es uns an Erfahrungswerten. In der
attischen Demokratie wurden wie gesagt die meisten
Ämter ausgelost, aber einige auch gewählt. Für
Deutschland schlage ich eine Kombination aus drei
bekannten Demokratieverfahren vor: Los, Wahl und
Volksabstimmung.

Kapitel 9

DEMOKRATIE IM 21. JAHRHUNDERT - EIN KONKRETER REFORMVORSCHLAG

Ist eigentlich die Regierung oder das Parlament wichtiger? Ein klein wenig mitreden dürfen wir Bürger derzeit ja nur beim Parlament, das sich dann einen „Regierungschef" wählt (Bundeskanzler), der oder die sich dann den Rest der Regierung nach eigenem Gutdünken zusammensucht. Theoretisch. Praktisch haben die Strippenzieher der Parteien da natürlich gewaltig ein Wort mitzureden, und da die meisten politischen Entscheidungen ein Gesetz brauchen, das eben nicht die Regierung, sondern das Parlament beschließen muss, sehen wir dieses mal als wichtiger an und beginnen mit ihm.

Schließlich ist ja auch unser Ordnungssystem danach benannt: parlamentarische Demokratie.

Das ausgeloste Bürgerparlament
Das Parlament als die Volksvertretung auszulosen statt über Klüngelwahlen zu besetzen ist eine Idee, die immer mal wieder zu vernehmen ist. Denn dass

im Parlament nicht das Volk vertreten ist, kann niemand bestreiten. Wer nicht daran glaubt, der Bundestag sei stattdessen eine politische Elite-Auswahl und das Beste, was uns je passiert ist, kommt beim Nachdenken über Veränderungen geradezu zwangsläufig auf Quote oder Los, wobei wir die Quote ja schon als wenig hilfreich verworfen haben.

Das Parlament auszulosen statt zu wählen, ansonsten aber alles unverändert zu lassen, wäre aber nicht nur eine halbherzige Reform, sondern vermutlich eine schlechte. Denn sie übersieht die Stärken der Auslosung und die Schwächen des Berufspolitikers (selbst wenn seine Amtszeit befristet ist).

Der Reiz einer ausgelosten Entscheidungsgruppe liegt in ihrer Unbedarftheit: ihre Mitglieder sind eben so, wie sie sind, quasi direkt vom Herd, von der Werkbank, vom Sofa geholt. Nur so sind sie repräsentativ für die Gesamtbevölkerung, nur so gehen sie mit dem Blick des Bürgers oder der Bürgerin an die Sache ran. Sie werden sich nicht als Herrscher verstehen, sondern als diensttuende Stellvertreter.

Das wird sich aber schnell ändern, wenn sie längere Zeit in dieser Rolle verbleiben. Auch wenn stets die ganze Gruppe per Los ausgetauscht wird und man somit nicht als „Neuling" die Marotten der „alten Hasen" übernimmt, wie das heute im Parlament üblich ist (siehe Bülow 2010), so wird natürlich die am Anfang spannend-neue Rolle als Bürgerparlamentarier bald zur Routine, unter den Parlamentariern werden sich wie in jeder Gruppe soziale Geflechte entspinnen, es wird Führer und Geführte geben, Laute und Leise, Schwätzer und Denker – fast so, wie wir es heute kennen.

Die Losverfahren Planungszelle und Citizens Jury[56] sind nicht nur aus Kostengründen zeitlich auf wenige Tage begrenzt. Nach meiner eigenen Erfahrung kann man eine deutliche Veränderung im Sozialgefüge einer ausgelosten Gruppe über die vier Tage Beratungszeit beobachten, und ich bin sicher, dass schon in der zweiten, spätestens aber in der dritten Woche ein Arbeiten wie derzeit Usus nicht mehr möglich wäre[57].

Losen wir also das Parlament aus, aber nicht einmal alle vier Jahre, sondern wöchentlich. Jede Woche 600 neue Volksvertreter in einem Parlament, für das Namen wie „House of Lots" oder „Los-Kammer" kursieren, das man aber auch „Bürgerparlament" nennen könnte.

Jetzt schluckt der ein oder andere, schüttelt mit dem Kopf oder schlägt das Buch gleich zu. Ja, das Selbstverständnis der „politischen Klasse" haben viele Bürger übernommen – auch mangels Alternativen. Berufspolitiker im Parlament verstehen sich keineswegs als nur vorübergehend mandatiert – sie halten sich als Personen in der Politik für unverzichtbar (weshalb sie die Einflussmöglichkeiten des Wählers auf die Parlamentsbesetzung stark begrenzt haben). Schauen wir uns ihre wichtigsten Rechtfertigungsargumente an:

1. Politik braucht Profis

Ja, das kann nicht schaden. Die Frage ist nur: Wo braucht es die Profis? Jedenfalls nicht im Parlament.

Wenn ein Minister seinen Job beherrscht, wollen wir uns freuen. Und dass seine Mitarbeiter im Ministerium Profis sind, wollen wir doch stark hoffen. Sie werden sich allerdings überwiegend nicht als Politiker sehen, sondern als Beamte (oder Angestellte), die für die Politik arbeiten. Die Gesetze entwerfen und beschlossene Gesetze vollziehen.

Es ist doch schon längst nicht mehr so, dass Gesetze auf Legislativ-Seite entstehen. Sie kommen aus den Ministerien – die Exekutive schreibt sich also ihre eigene Grundlage, und das Parlament genehmigt ihr das.

Wozu sollte es über 600 Profis im Bundestag brauchen, und was sollte ihre Profession sein? Müssen alle Jura studiert haben, um Gesetze beraten zu können?

Das, was Abgeordnete heute als Profis auszeichnet, ist wohl ihre Kenntnis der Partei- und Fraktionsmechanismen. Sie wissen, wie man Strippen zieht, wann und wie mit welchen Journalisten Hintergrundgespräche zu führen sind, wo man eine Information streuen muss, damit sie in der gewünschten Weise an die Öffentlichkeit kommt, ohne dass die Quelle bekannt wird, sie können mit Lobbyisten Essen gehen, sie können wunderbar nichtssagend reden, die meisten von ihnen können in jeder Lebenslage für Pressefotos posieren... Und sie sind Profis der Kompromissfindung, des Wankelmuts, der Gesicht wahrenden Kursänderung.

Dass sie allerdings Profis im Durchdenken politischer Probleme sind, Profis im Lesen von Gesetzesentwürfen, Profis im Entwickeln kritischer Fragen,

Profis in der Kommunikation mit ihren Mandatgebern – das ist gerade nirgends zu erkennen.

Eine Volksvertretung ist eine Volksvertretung, wenn sie das Volk vertritt, – und das geht eben nicht über Anwälte[58], sondern nur in Form einer Selbstvertretung.

Auf Regierungsseite mag man Professionalität wollen (aber sicherlich auch in Grenzen, manches Mal wünscht man sich vielleicht weniger Schauspielkunst, weniger Protokoll-Gehorsam, weniger Emotionslosigkeit), bei Parlamentariern führt Professionalität weg von der Aufgabe, Volksvertreter zu sein. Was Abgeordnete aber natürlich brauchen, ist eine professionelle Unterstützung ihrer Arbeit. Die haben Mitglieder des Bundestags schon heute in Form von Büromitarbeitern und einer umfangreichen Palette an Dienstleistungen u.a. der Bundestagsverwaltung, die sie in Anspruch nehmen können, was wegen ihrer beruflichen Ambitionen allerdings in erster Linie dazu geführt hat, dass jedes Abgeordnetenbüro heute wie ein eigenes Profitcenter wenn nicht gar eine eigene Firma daherkommt: jeder Abgeordnete vermarktet sich, versucht sich mit Anfragen und Beiträgen zu profilieren, buhlt um Medien- und Parteiaufmerksamkeit, inszeniert sich in der Öffentlichkeit[59].

2. Politik ist kein Hobby, sondern große Verantwortung

Können Sie ein einziges Beispiel benennen, wann wie und wo Abgeordnete für ihre Fehlentscheidung die Verantwortung getragen haben (natürlich nicht in Form eines „Rücktritts")? Welcher Politiker haftet für die von ihm beschlossenen Kreditaufnahmen? Wie trägt ein Politiker die Verantwortung für ein Kriegsmandat? Wurde jemals eine Gesetzesänderung mit den Worten begonnen: „Wir haben gefehlt" oder „Weil wir mit der letzten Gesetzesfassung großen Unsinn beschlossen haben, korrigieren wir uns hiermit demütig"?

Da wurde in den letzten Jahren in fast allen westlichen Bundesländern nach Ost-Vorbild die verkürzte Gymnasialzeit („G8") eingeführt, jeweils ausgiebig parlamentarisch beraten und gegen alle kritischen Stimmen beschlossen, wenig später stellt man fest, dass es Murks ist – und ändert die Vorgaben (wie in Hessen) erneut. Schön, wenn Politiker ihre Fehler erkennen (auch wenn sie es anders nennen) – aber wo ist da die vielbeschworene Verantwortlichkeit, die der Laie angeblich nicht trägt? Eine nachvollziehbare Begründung hatte es nie gegeben, aber auch die Änderung der Änderung wird natürlich als Erfolg verkauft.

Und so ist das in allen Bereichen. Einführung und Krise des „Euro", zerborstene Finanzierungspläne, Staatsschulden, Aushöhlung von Bürgerrechten – wo ist der Abgeordnete, der die Verantwortung für seine Fehlentscheidungen trägt?[60] In nicht wenigen Fällen wissen die Berufspolitiker gar nicht, über was sie entscheiden – so sind etwa die umfassenden Maut-Verträge bis heute geheim – offiziell jedenfalls[61].

Natürlich wird auch der ausgeloste Volksvertreter nicht persönlich für seine Entscheidungen haften. Aber er ist über einen wesentlichen Vorwurf erhaben: dass er nämlich eigennützig gehandelt habe, dass seine Entscheidung gekauft war (von der Partei, der Fraktion, der Karriere – und da unterstellen wir noch gar nichts Böses), dass er es besser hätte wissen müssen.

3. Politik verlangt Kontinuität

Wenn das Parlament eine stellvertretende Versammlung der Bürger sein soll, dann braucht es keine Kontinuität einzelner Abgeordneter (die heute über Jahrzehnte diesen bezahlten Job machen). Vielmehr würde sich die Legitimation der Politik in einer gewissen Kontinuität der Entscheidungen zeigen. Denn diese würden sich eben nicht von Wahlperiode zu Wahlperiode mit den wechselnden Mehrheiten verändern, ausgeloste Volksvertreter würden Entscheidungen treffen, die zu den vorangegangenen Entscheidungen passen – und so kontinuierlich wirken. Weil es eben nicht darauf ankommt, welche Nase da im Einzelnen sitzt.

Im Übrigen gibt es die von Berufspolitikern viel beschworene Kontinuität ja heute nicht – von Marotten und bestimmten Ungerechtigkeiten abgesehen. Während sich die Bevölkerung nicht – oder nur sehr langsam „kontinuierlich" – verändert, kann die Politik des gewählten Parlaments von Wahl zu Wahl ganz erheblich wechseln.

Kontinuität gibt es derzeit vor allem bei Personen. Obwohl der Bundestag derzeit regulär 598 Mitglieder hat und am 22. September 2013 bereits zum 18. Mal eine völlige Neubesetzung möglich (gewesen) wäre, gab es von 1949 bis 2009 nur 3346 ver-

schiedene Politiker in Parlament und Regierung![62]
(Viel Volksbeteiligung gab es also in der bundesre-
publikanischen Demokratie bisher nicht.)

Ansonsten kommt die Kontinuität nicht aus dem
gewählten Parlament, sondern aus der – nicht demokratisch besetzten – Ministerialbürokratie. Darunter
haben bekanntlich alle engagierten Regierungspolitiker zu leiden, die wirklich etwas verändern wollen:
denn außer an ein paar Spitzenposten kann auch ein
neuer Minister nichts am Personal „seines Hauses"
ändern. Vielfach kolportiert wird dazu ein Satz von
Otto Schlecht, der von 1973 bis 1991 Staatssekretär
im Wirtschaftsministerium war und acht verschiedene Chefs hatte: „Egal, wer dirigiert – wir spielen
immer die Neunte [Sinfonie von Beethoven]".[63]

4. Nicht jeder kann Politik – es braucht Begabungen

Nicht jeder soll zum Politiker taugen – meinen
Politiker. Man müsse in der Öffentlichkeit reden
können, repräsentieren (Anzug, Dirndl und sowas);
man brauche Verhandlungsgeschick, müsse „Menschen führen" können und so weiter.

Auch dies können wir für die Exekutive gelten
lassen, für Politiker in Regierungsämtern, in der Verwaltung. Aber für Parlamentarier sollte all dies keine
Voraussetzung sein müssen – und deshalb muss mit
der Einführung der Auslosung auch die Arbeitsweise
des Parlaments grundlegend geändert werden.

„So braucht es das Los, um hin und wieder einen
Skeptiker an jene Position zu befördern, die bis dato
ein unbeirrter Machtmensch besetzte", fordert der

Feuilletonist Florian Felix Weyh (2013), der das Parlament nicht wählen, sondern auslosen lassen will (vgl. auch Weyh 2007: 297). Um sich auf diesen Gedanken einzulassen, kann man drei Fragenkomplexe durchdenken:

- Haben wir derzeit im Parlament die Besten unserer 80 Millionen Bürger sitzen, demokratisch bestimmt durch Wahlen?
- Was soll ein Parlament mit über 600 Abgeordneten, die sich in der Summe Volksvertretung nennen, anderes sein, als eine repräsentative Vertretung des Volkes? Dazu erkoren, die vielen Dinge zu klären und zu entscheiden, die für eine solch große Gemeinschaft notwendig sind und mit denen nicht jeder im Detail – z.B. durch Volksabstimmungen – behelligt werden will?
- Kann jemand, der dieses Volksvertreterdasein zu seinem Job gemacht hat, der damit sein Einkommen bestreitet und seine gesellschaftliche Reputation, kann so jemand noch wirklich Vertreter des Volkes sein – oder vertritt er nicht zwangsläufig seine eigenen, verständlichen kommerziellen Interessen (s.a. Zimmer 2013: 23ff)?

Ein ausgelostes Parlament hingegen stellt nach den Versprechungen der Mathematik eine Miniatur des Volkes dar, also ein „Minipopulus" (wenn man denn niemanden ausschließen würde). Und in der Größenordnung von 600 Parlamentariern wie derzeit wären statistisch gesehen praktisch alle diskutierten Kleingruppen anwesend.

Mehr Repräsentativität als in einem ausgelosten Parlament ist nicht machbar.

Für ein solches wirklich repräsentatives Parlament spricht weit mehr als nur die Chancengleichheit. Denn egal welche Position jemand vertritt – er muss daran interessiert sein zu erfahren, wie andere darüber denken. Er sollte wissen wollen, mit welchen Widerständen bei einer bestimmten Entscheidung zu rechnen ist, er muss sich dafür interessieren, wie seine Idee ankommt, wie sie verstanden wird – schon allein aus Eigennutz heraus. Ein Abgeordneter sollte sich also nie selbst genug sein für seine Entscheidungen – er sollte ein Beratungsarbeiter sein.

Vor allem aber schafft man mit einem ausgelosten Parlament – zunächst mal – Frieden im Land. Sowohl der angeblich raffgierige Millionär ist darin vertreten[64] als auch der angeblich faule, desinteressierte, überwiegend betrunkene Hartz IV-ler. Ohne Altersbegrenzungen wären sogar der Pubertist und die bettlägrige Oma aus dem Pflegeheim vertreten. Eine offenere und ehrlichere Möglichkeit zum Streit über die jeweiligen Partikularinteressen ist nicht möglich.

Bleibt nur das hinlänglich bekannte Problem, dass Politiker nicht ihre Wähler (oder hier eben: ihre Freunde, Leidensgenossen oder Kumpels) vertreten, sondern schnell nur noch sich selbst, weil Politik eben nicht mehr der Wettstreit um die beste Entwicklung für die Gemeinschaft ist, sondern Beruf, Karriere, persönlicher Profit.

In der Citizens Jury ist diese – alte – Erkenntnis aufgenommen: die Ausgelosten sind nämlich nicht für eine mehrjährige, gar jahrzehntelange politische Karriere vorgesehen, sondern für ein einmaliges bürgerschaftliches Engagement: eine Woche lang haben sie das Sagen, dann ist wieder Schluss damit. Es gibt kein Verlängerung, keine Chance auf ein gut dotiertes oder wenigstens prestigeträchtiges Pöstchen.

Genau so sollten wir unser Parlament beschicken: mit rein per Zufall ausgelosten Bürgern, die aber auch nur eine Woche lang Parlamentarier sind, bevor sie von anderen Bürgern abgelöst werden.

Die wichtigste Änderung wäre also: wir bilden echte Bürgerparlamente. Gesetzlich für diese Tätigkeit freigestellt, bezahlt und nach allen Regeln der Kunst von zuhause abkömmlich gemacht entscheiden ganz normale Bürgerinnen und Bürger eine Woche lang das, was bisher ein Parlament aus Berufspolitikern tut. Sie bringen nicht die Erfahrung mit, die Berufspolitiker haben – genau darum sollten wir sie ja auch nehmen. Sie kennen keine Parteitaktiken, sie planen keine politischen Karrieren, sie werden nicht von einem Fraktionsvorsitzenden auf Linie gebracht, ihr Abstimmungsverhalten ist nicht davon abhängig, ob sie gerne nach der nächsten Wahl wieder in den Bundestag einziehen wollen und dafür das Placet der Parteispitze brauchen.

Ein Bürgerparlament entscheidet nach dem so oft angeführten „gesunden Menschenverstand".

Und es entscheidet gleichwohl nicht so simpel, wie es uns Meinungsumfragen oft glauben machen wollen. Denn ein Bürgerparlament arbeitet anders. Ganz anders als bisher die Berufspolitiker. Es arbeitet so, wie es sich bei den Citizens Juries als sehr, sehr sinnvoll herausgestellt hat.

Die Bürgerparlamentarier sind zunächst eben Repräsentanten des Volkes, ganz normale Menschen, die sich mit einem Sachverhalt vertraut machen, dazu Experten hören und Lobbyisten, die sich selber schlau machen, die Fragen stellen, – und dann am Ende entscheiden, was sie überzeugt und was nicht.

Immerhin vertrauen wir seit Jahren im Strafrecht darauf, dass normale Bürger ohne jede Vorkenntnis die richtige Entscheidung treffen, – sprich eine Entscheidung, die wir als Bürger mittragen.

Auf die vielen anstehenden Detailfragen gehe ich im nächsten Kapitel für Interessierte ein. Zur Vorstellung der groben Linien einer aleatorischen Demokratie an dieser Stelle nur so viel:

- Wie bisher entscheidet das Parlament über alle Gesetze (also z.B. Haushalt, Steuern, Strafrecht, Energiewende).
- Im Parlament sitzen aber keine Berufspolitiker mehr, sondern normale Bürger, die für diese Tätigkeit ausgelost werden.
- Die Tagungsdauer eines Parlaments beträgt nur eine Woche. Danach kommen andere, ausgeloste Bürger.
- Das Parlament arbeitet nicht wie bisher im öffentlichen Plenum und in (überwiegend geheim tagenden) Fachausschüssen, sondern meist in wechselnden, jeweils ausgelosten Kleingruppen, in denen ein Dialog möglich ist. Dieser Beratungsprozess ist allerdings nicht öffentlich, alle Ergebnisse aber natürlich schon.
- Die Aufgabe des Parlaments ist es, zu Gesetzesvorhaben solange Fragen zu stellen und Anmer-

kungen zu machen, bis eine Fassung vorliegt, die von allen, zumindest aber von einer Mehrheit der zufällig ausgelosten Bürger für richtig und sinnvoll gehalten wird.

Damit würde sich die Arbeit des Parlaments deutlich verändern. Derzeit werden dort große Reden geschwungen, die rein parteipolitisch motiviert sind. Man ist als Opposition eben meist gegen alles, was die Regierungsparteien wollen – und umgekehrt.

Das Bürgerparlament hingegen diskutiert und prüft Gesetzesvorhaben allein im Hinblick darauf, was für die Bevölkerung insgesamt gut ist. Denn die Bürgerparlamentarier vertreten keine Partei, keine Lobbygruppe, keine Privatinteressen, sondern sie wissen um ihre Rolle als Stellvertreter für die gesamte Bevölkerung.[65] Dass dafür die Beratung in Kleingruppen (statt im Plenum) und ein Konsensverfahren nötig sind, wurde im vorigen Kapitel ausführlich beschrieben.

Regierung

Eine Regierung braucht es natürlich trotzdem. Weil es Leute braucht, die langfristig an einer Sache arbeiten, die den zugehörigen Verwaltungsapparat führen, die in der Öffentlichkeit agieren, verhandeln, diskutieren – die eben Politik machen.

Nur eine kleine Änderung ist nötig: die Regierungspolitiker müssen direkt vom Volk gewählt werden.

Bisher werden die Bundesminister vom Kanzler bestimmt. Das heißt: Das Parlament wählt einen Bundeskanzler oder eine Bundeskanzlerin (den sich dessen Partei vorher ausgeguckt und schon im Wahlkampf so positioniert hat) als Regierungschef, und diese(r) entscheidet dann über die anderen Regierungsmitglieder, die jeweils ein Ministerium führen und formal noch vom Bundespräsidenten ernannt werden müssen. Ähnlich ist das Verfahren in acht der 16 Länder, während in den übrigen das Parlament Mitspracherecht hat (nach Decker 2013).

Wer diese Regierungspolitiker sein werden, ist derzeit vor einer Wahl völlig unklar – und auch noch Tage danach. Denn es verhandeln die Parteien miteinander über die Regierungsbildung, und bevor man einen Koalitionsvertrag unterschreibt, wird festgelegt, wer welchen Posten bekommen soll. Das führt regelmäßig zu großen Überraschungen für die Wähler. Außerdem ändert sich die Besetzung auch innerhalb einer Legislaturperiode: Minister scheiden wegen irgendwelcher Intrigen oder Fehler aus, es gibt Umbesetzungen und partei- und wahltaktische Veränderungen. Auf all dies hat der Wähler keinen Einfluss.[66]

Bei einer direkt-gewählten Regierung ist das gänzlich anders. Hier treten nicht Parteien gegeneinander an (mit Ministern als „Schattenkabinett" in der Hinterhand), sondern einzelne Persönlichkeiten, die sich den jeweiligen Ministerjob zutrauen. Und Minister wird, wem die Mehrheit der Wähler dieses Amt übertragen möchte.

Eine solche Direktwahl wird in deutschen Diskussionen schnell mit dem Argument verworfen, so unterschiedlich zusammengesetzt könne eine Regierung nicht arbeiten. Nun ja – die EU-Kommission wird bekanntlich völlig wild zusammengesetzt, weil jede Landesregierung einen Kommissar benennen kann; und auch die Schweizer Kantonsregierungen (Regierungsrat) werden direkt vom Volk gewählt und die Bundesregierung (Bundesrat) hat stets Minister aus allen Parteien. In Bayern versucht sich die ÖDP gerade an einem Volksentscheid für eine Verfassungsänderung, um immerhin den Ministerpräsidenten direkt vom Volk wählen zu lassen.[67]

Mit der Direktwahl der Minister bekommen endlich Fachleute eine Chance, die klare Positionen in einem Bereich vertreten (wie Wirtschaft oder Umwelt), die viel Know-how mitbringen – die sich aber nicht auf den Weg durch die Parteimühlen machen wollen mit dem völlig vagen Ziel, irgendwann einmal in der Bundesregierung landen zu können. Damit sich auch tatsächlich Wissenschaftler, Künstler, interessante Köpfe aus Nichtregierungs-Organisationen usw. um ein Regierungsamt bewerben, wird es entsprechende Finanzierungs- und Freistellungsregelungen brauchen sowie eine gute Pension nach dem Ausscheiden aus der Politik. Denn: eine Wiederwahl sollte ausgeschlossen sein. Vielleicht muss die Amtszeit länger sein als derzeit, zum Beispiel sechs Jahre. Es muss eine Zeitspanne sein, in der man die Ideen, mit denen man zur Wahl angetreten ist und für die man gewählt worden ist, umsetzen kann (bei allen nötigen Diskussionen, Anpassungen etc.). Eine Wiederwahl muss ausgeschlossen sein, damit nicht passiert, was wir derzeit in der Regierungspolitik immer erleben: man blockiert sich selbst, um attraktive Themen für den nächsten Wahlkampf aufzusparen. Denn mit welch tollen Versprechen sollte eine Partei um die Wählerstimmen buhlen, wenn einfach alles schon gut geregelt ist? Ein vom Volk direkt gewählter Minister aber, der weiß, dass er nur diese eine Amtszeit hat, wird auf alle Mätzchen verzichten und sich einfach nur um eine gute Politik kümmern.

Zumal, wenn man die nächst Regierungswahl auch noch nutzt, über die Zufriedenheit mit der scheidenden Regierung abzustimmen, einzeln für jedes Ressort, also jedes Ministerium. Davon könnte z.B. eine attraktive Bonuszahlung abhängen (nicht nur für den Minister, sondern auch die Mitarbeiter) – ein goldener Handschlag, mit dem das Volk sagen kann: tolle Arbeit, wir waren mit Ihnen super zufrieden!

Ein interessantes Argument gegen die Volkswahl einer Regierung ist die Angst vor einer Amerikanisierung des Wahlkampfes, bei der am Ende gewinne, wer sich mit viel Geld entsprechende Werbekampagnen leisten könne. Für die Präsidentschaftswahlen in den USA ist dies sicherlich zutreffen. Für eine Direktwahl der Regierung in Deutschland ließen sich bestimmt Rahmenbedingungen schaffen, die allzu große Wettbewerbsverzerrungen durch Reichtum verhindern. Und es bleibt zu fragen, ob denn eher das derzeitige parteiinterne Machtgeklüngel oder eine Volkswahl mit finanzstarken bzw. entsprechend unterstützten Kandidaten die Geeignetsten in die Ministerien befördern wird. Und nur um dieses Ergebnis kann es gehen.[68]

In Kombination mit dem Bürgerparlament haben wir übrigens eine gänzlich andere Situation, als sie sonst bei der Direktwahl diskutiert wird, z.B. rund um den Versuch eines Volksbegehrens zur Direktwahl des Ministerpräsidenten (siehe bei Decker 2013 sowie zur Direktwahl des Bundespräsidenten Rütters 2013).

Volksinitiativen, Volksbegehren und Volksentscheid

Der Verein „Mehr Demokratie" fordert seit einem halben Jahrhundert direktdemokratische Elemente auch auf Bundesebene. Das dreistufige Verfahren:

„1. Volksinitiative: Mit 100.000 Unterschriften kann dem Bundestag ein Gesetzentwurf vorgelegt werden.

2. Volksbegehren: Lehnt der Bundestag die Volksinitiative ab, kann ein Volksbegehren eingeleitet werden. Für dessen Erfolg müssen in sechs Monaten eine Million Unterschriften zusammenkommen.

3. Volksabstimmung: Hier entscheidet die Mehrheit der abgegebenen Stimmen. Jeder Haushalt bekommt im Vorfeld eine Abstimmungsbroschüre mit wichtigen Infos und allen Pro- & Contra-Argumenten."[69]

Ein erfolgreiches Volksbegehren bedeutet dabei: „Behandlung des Vorschlags im Bundestag mit Rederecht der Initiativen. Übernimmt der Bundestag den Vorschlag nicht, kommt es zum Volksentscheid, bei dem der Bundestag einen Alternativvorschlag mit zur Abstimmung stellen kann."

In Abwandlungen gibt es diese Verfahren in allen Bundesländern, und man sollte sie aus gutem Grunde auch im Bund einführen. Und weil solche Volksgesetzgebung schon lange erprobt und grundsätzlich auch gar nicht strittig[70] ist, muss sie hier nicht groß ausgeführt werden – obwohl sie für den Verein „Mehr Demokratie" und alle Anhänger natürlich ein riesiger Durchbruch wäre; in meinem Vorschlag ist sie aber nur ein Baustein, weshalb es sicherlich im Detail auch noch zahlreiche Änderungen und Konkretisierungen braucht (dazu ausführlicher im nächsten Kapitel).

Es soll nur deutlich werden: das vorgeschlagene Bürgerparlament ist keine Konkurrenzidee zur Direktdemokratie. Wie auch sonst bei der Forderung nach Einführung direktdemokratischer Verfahren auf Bundesebene ist unbestritten, dass auf diesem aufwendigen Wege nur einzelne, von der Gesellschaft gerade als besonders wichtig erachtete Regelungen oder Positionierungen erfolgen können. Probleme und Grenzen der Direktdemokratie sind vorne im Kapitel 6 behandelt.

Verpflichtend sollte der Volksentscheid allerdings bei Verfassungsänderungen sein – dann mit 50% Quorum und 2/3 Mehrheit. Starten sollte eine Verfassungsänderung direkt als Volksbegehren[71]. Ist das Volksbegehren erfolgreich, sollte eine intensive öffentliche Diskussionsphase folgen, an deren Ende die Initiatoren eine aktualisierte Textfassung zur Abstimmung stellen können, ebenso ist die Regierung berechtigt, Vorschläge zur Abstimmung vorzulegen. Da Verfassungstexte einfach und eindeutig sein sollten und die Grundlage für alle einfachgesetzlichen Regelungen darstellen, ist der Volksentscheid hier keine Überforderung. Man nehme sich – in diesem Punkt! – die amerikanische Verfassung als Vorbild, die in den letzten 200 Jahren nur 17-Mal geändert worden ist, und zwar meist in schöner, jedem verständlichen Klarheit.[72]

Zusammenfassung

Das Modell sieht vor, die Gesetzgebungskompetenz einem Bürgerparlament zu übertragen, deren Mitglieder jeweils für die Dauer von einer Woche aus der Gesamtheit aller stimmberechtigten Bürger ausgelost werden. Die Regierung als Spitze der Exekutiven soll direkt vom Volk gewählt werden. Daneben können die Bürger mit Volksinitiative, Volksbegehren und Volksentscheid selbst Gesetze anregen und letztlich auch beschließen. Damit sollte man dem Versprechen, das im Wort „Demokratie" impliziert ist, schon recht nahe kommen.

Kapitel 10

DETAILFRAGEN ZUM
REFORMVORSCHLAG

Demokratie für Deutschland mit einem ständig wechselnden, ausgelosten Bürgerparlament, einer direkt gewählten Regierung und der Möglichkeit für Volksentscheide klingt nicht nur einfach, sondern ist es auch – aber selbstverständlich gibt es dazu mindestens 1001 Detailfragen, und in den entsprechenden Detailregelungen werden sich noch viele Probleme und Pr oblemchen versteckt halten. Deshalb sollen die nachfolgenden Überlegungen auch nicht den Eindruck erwecken, das vorgeschlagene Modell „wasserdicht" zu bekommen sei ein Kinderspiel. Es kann auch nicht am Schreibtisch eines einzelnen Publizisten entstehen – es wird dafür viel Fachkompetenz notwendig sein, viel Erfahrung aus der Verwaltung, einiges an juristischem Know-how und natürlich breite Diskussion der interessierten Wähler.

Das Folgende soll daher nur eine mögliche Richtung aufzeigen, die Debatte mit etwas mehr Stoff versorgen und auf naheliegende Fragen, Bedenken und Kritiken erste Antworten bieten.

Auslosung der Bürger

Die Auslosungen der Bürgerparlamentarier erfolgt sinnvollerweise nach den Daten der Einwohnermeldeämter. Damit ist nicht auslosbar, wer nicht gemeldet ist. Dies wird gelegentlich auch beim Wahlrecht kritisiert.

Natürlich kann man die Frage diskutieren, ob das Wahlrecht nicht ausgeweitet werden sollte, ob es nicht fair oder notwendig sei, z.B. auch „illegal" oder „legal" in Deutschland Lebenden ein Mitspracherecht zu geben. Das ist allerdings für das Beratungsverfahren im Bürgerparlament praktisch unerheblich.

Denn viel wichtiger ist, dass bei entsprechenden Themen die Betroffenen als Sachkundige zu Wort kommen – und darum wird sich ein externer Dienstleister kümmern (s.u.).

Interessanter ist die Frage nach Altersgrenzen. Ein Wahlrecht ab 16 wird vielfach gefordert, bei Kommunalwahlen in Brandenburg, Bremen, Mecklenburg-Vorpommern, Niedersachsen, Nordrhein-Westfalen, Sachsen-Anhalt und Schleswig-Holstein dürfen heute schon 16- und 17-Jährige wählen, bei Landtagswahlen nur in Brandenburg, Bremen und Hamburg.

Aufgrund vielfältiger eigener Erfahrungen würde ich das Mindestalter sogar auf 14 Jahre herabsetzen. Jugendliche können mit ihrer Sichtweise der Dinge, mit ihren Fragen und ihren Zukunftsüberlegungen solche Beratungen in jedem Fall bereichern, eine generelle Überforderung ist nicht zu befürchten. Kinder sollten in allen auch sie betreffenden Fragen als Sachverständige eingeladen oder besucht werden.

Wie lange vor der Beratungswoche die Bürgerparlamentarier ausgelost und informiert werden sollten, bleibt auszuprobieren. Zwei widerstreitende Interessen gibt es dabei: Bürger, die für eine Woche Volksvertreter sein sollen, wollen natürlich möglichst frühzeitig von ihrer Auslosung wissen, wollen sich darauf einstellen, Dinge für die Zeit ihrer Abwesenheit regeln, vielleicht die Politikberichterstattung von da an besonders aufmerksam verfolgen. Aus Verfahrenssicht wäre es aber am besten, wenn die ausgelosten Bürger gar keinen Vorlauf hätten; sie sollen sich gerade nicht gezielt über Themen im Hinblick auf ihre Beratungstätigkeit informieren, sondern genau das an Wissen, Fragen, Einstellungen etc. mitbringen, was sie eben als Bürger so haben. Es muss vermieden werden, dass Lobbyisten auf die Gelosten Einfluss nehmen können, wie umgekehrt Kurzzeit-Volksvertreter nicht mit ihrem anstehenden Job hausieren gehen dürfen. Vielleicht wäre der Vorlauf von drei Wochen ein tragfähiger Kompromiss. (Rechtlich muss die Freistellung selbstverständlich geregelt sein, inklusive Kinder- und Pflegebedürftigenbetreuung, Haushaltshilfe, Vertretung im Job etc.[73])

Bei der inhaltlich gebotenen kurzen Einladungsfrist kann man nicht, wie sonst bei solchen Auslosungen üblich, je nach Zu- und Absagen der Ausgelosten immer weitere potentielle Kandidaten auslosen, bis man die benötige Parlamentarierzahl erreicht hat. Das ist bei der vorgeschlagenen Gesamtzahl von etwa 600 Bürgern pro Tagungswoche aber auch nicht nötig. Aufgrund einer gesetzlichen Pflicht zur Teilnahme wird die Zahl der aus berechtigten Gründen Absagenden überschaubar und vor allem jeweils ähnlich sein, so dass dies von Anfang an berücksichtigt werden kann (also z.b. 8000 auslosen und einladen, wenn man 600 haben möchte); zudem tun gewisse Schwankungen der Akzeptanz des Verfahrens keinen Abbruch – denn ob nun tatsächlich 500 oder 700 Bürger mit den Themen befasst sind, sollte am Ergebnis nichts ändern. Die Zahl soll nur groß genug sein, um zufällige Verzerrungen durch die Zusammensetzung zu vermeiden, und sie darf nicht größer sein, als es die organisatorischen Kapazitäten zulassen.

Etwas aufwändiger wird es natürlich, wenn man jede Region vertreten haben will und deshalb an den geografischen Grenzen derzeitiger Wahlkreise festhält – es sind 299 und ergäbe so bei zwei Ausgelosten je Wahlkreis ein Bürgerparlament von 598 Teilnehmern. Hält man an den Wahlkreisen für die Auslosung fest und zieht also eine „geschichtete Stichprobe", braucht es einen gewissen von diesen Wahlkreisen unabhängigen Überhang, um auch spontane Erkrankungen und andere Gründe für Absagen abzufangen. Die Berücksichtigung der Wahlkreise sollte allerdings gar nicht notwendig sein, wenn sich nicht empirisch zeigt, dass etwa ländliche Regionen durch höhere (spontane) Teilnehmerabsagen unterm Strich nicht im richtigen Verhältnis vertreten sind. Da die Teilnahme aber jedem möglich gemacht werden soll, ist von solchen Verzerrungen nicht auszugehen – und dann sorgt das Los schon für eine gleichmäßige Berücksichtigung aller. Zudem wird die Bedeutung des Einzelnen meist stark überschätzt: im Bürgerparlament strebt man Konsens an, keine knappen Kampfabstimmungen. Die Unterschiede, die sich bei der heutigen Parteienwahl zeigen (rote Wahlkreise, schwarze Wahlkreise), gibt es im Bürgerparlament in dieser Form nicht. Wohl aber ist wichtig, dass die Bürgerparlamentarier mit sich möglichst viele unterschiedliche Milieus und Lebenserfahrungen einbringen.

Wer einmal nach Auslosung an einer Beratungswoche teilgenommen hat, sollte – gegen das reine Zufallsprinzip – für einige Jahre von einer neuerliche Ziehung ausgeschlossen sein, da der Zufall sonst auch „erfahrene Hasen" ins Parlament bringen wird, was vom Verfahren her nicht gewünscht ist. Wer also etwa in den fünf Jahren nach einer Parlamentstätigkeit nochmal ausgelost wird, bleibt bei der Einladung oder „Einberufung" einfach unberücksichtigt.

Verpflichtung zur Teilnahme

Ausgeloste Volksvertreter müssen dieses Bürgeramt annehmen – nicht trotz, sondern gerade wegen der hier vorgesehenen großen Mitgliederzahl. Bei einer kleinen Citizens Jury mit 25 Juroren ist es ohnehin Zufall, ob ein Professor und ein Ex-Junkie dabei sind – je größer jedoch die auszulosende Gruppe ist, um so wahrscheinlicher sind auch tatsächlich alle Bevölkerungsschichten, Berufsgruppen, Alterskohorten etc. darin vertreten – und um so wichtiger ist es, dass ein jeder das Amt annimmt. Denn andernfalls kann es zu systematischen Verzerrungen kommen (wenn z.B. Arbeitslose überdurchschnittlich häufig die Teilnahme ablehnen würden). Außerdem ist bei der doch recht großen „Durchlaufzahl" von einer erheblichen politischen Stimulierung der Gesellschaft auszugehen, die alle Milieus erfassen sollte.

Wenn es kein Höchstalter für die Auslosung gibt, dann wäre aber ab einem bestimmten Alter die Teilnahme freizustellen, d.h. eine Ablehnung muss dann ohne Angabe von Gründen möglich sein. Dann können die Alten selbst entscheiden, ob sie sich noch fit genug für ein solches Ehrenamt fühlen oder nicht.

Es mag natürlich immer Gründe geben, die eine Teilnahme aktuell unmöglich oder zumindest zu einer großen Bürde machen. Krankheit selbstverständlich – sie ist ein zulässiger Absagegrund, ebenso wenn eine Frau gerade entbunden hat. Wer einen Film dreht und in Kürze Abgabetermin hat, dem ist nicht mit Geld und personeller Unterstützung zu helfen. Was alles als Grund akzeptiert werden muss, nicht im Bürgerparlament mitzuarbeiten, welche Nachweise es dafür braucht und ob auch Druck zulässig sein soll (Ordnungsgeld) – das sollte sich nach und nach entwickeln. Wichtig ist hier im Moment nur die Richtung: wer ausgelost wurde, soll – sofern es irgendwie geht – auch teilnehmen.

Wer allerdings berechtigt absagt (oder durch ein schlichtes Versäumnis fernbleibt), kann sich seinen Platz nicht für die Zukunft aufsparen. Bei der nächsten Auslosung ist er wieder mit den selben (geringen) Chancen dabei.

Die Parlamentstätigkeit wird bezahlt, die Vergütung muss mindestens den Verdienstausfall und alle entstandenen Kosten decken, sie sollte aber auch eine Anerkennung sein.

Wie der Verdienstausfall von Spitzenverdienern zu erfassen ist (die letzte verfügbare Steuererklärung kann ja von der augenblicklichen Einkommenssituation stark abweichen) und wie eine entsprechende Vergütung und Missbrauchskontrolle aussehen könnte, dürfen sich Wirtschaftsfachleute überlegen. Es sollte kein unlösbares Problem sein, wenn das Ziel klar ist, dass man vom Obdachlosen bis zum Fußballprofi jeden Ausgelosten auch im Bürgerparlament haben will.

Die Parlamentsarbeit

Die Arbeitsweise des Bürgerparlaments mag sich bei einem ersten flüchtigen Blick gar nicht von dem unterscheiden, was Abgeordnete heute tun: Die Volksvertreter werden mal im heutigen „Plenarsaal" zusammenkommen und Berichte der Regierung, von Fachleuten oder Lobbyisten hören und ihnen Fragen stellen, sie werden sich hinter verschlossene Türen zurückziehen und dort beraten, sie werden auch abstimmen. Bei einem genaueren Blick allerdings gibt es kaum noch Gemeinsamkeiten.

Denn neben der Zufallsauswahl der Volksvertreter und ihrer Beauftragung für nur eine Woche ist ein dritter Punkt tragendes Element dieses Demokratiemodells: die Beratung in Klein- und Kleinstgruppen statt großer Reden vor (fraktioniertem) Publikum.

Dazu werden die 600 Bürgerparlamentarier zu Beginn ihrer Tätigkeit in 24 Beratungsgruppen à 25 Personen aufgeteilt (natürlich per Los) – was eine überschaubare und seit 40 Jahren mit deliberativen Verfahren erprobte Größe ist. Die wesentliche Beratungsarbeit findet aber in ständig wechselnden Kleingruppen bzw. Arbeitskreisen zu fünf Personen statt. Denn das ist die Größe für vertrauliche Gespräche, für die Preisgabe persönlicher Erlebnisse, für Fragen ohne Peinlichkeit, es ist die Chance für Verständigung statt Show.

Wenn mit einer wichtigen Frage also das gesamte Bürgerparlament befasst wird, dann beraten sich parallel 600 Bürger in 120 Arbeitskreisen, die ihre Ergebnisse in ihren 24 Beratungsgruppen vorstellen und abstimmen[74], so dass 24 unabhängig voneinander zustande gekommene Beratungsergebnisse vorliegen. Im einfachsten Fall ist das z.B. 24 Mal die Zustimmung zu einem beratenen Gesetz (oder Gesetzesabschnitt). Die Ergebnisse können aber auch ungeklärte Fragen, formulierte Bedenken, Alternativvorschläge und dergleichen sein (dazu gleich noch ausführlicher unter dem Stichwort „Gesetzgebungsverfahren").

Bevor eine Beratungsgruppe loslegen kann, muss sie natürlich in das zu beratende Thema eingeführt werden. Es muss also der Gesetzentwurf erläutert werden, es müssen Kritiker zu Wort kommen können, es werden Fachleute befragt werden usw. Wenn das gesamte Bürgerparlament das selbe zu beraten hat, können solche Informations-Inputs natürlich in einer Versammlung aller gegeben werden.

Allerdings kann und darf es dabei – ganz anders als heute im Plenum – keine Diskussionen geben. In erster Linie, weil es nicht darum geht, dass jeder seine von zuhause mitgebrachte Meinung gleich zu Beginn der Tagung äußert – stattdessen soll ja im Beratungsverfahren alles detailliert und möglichst vorbehaltlos geprüft und abgewogen werden. Zum anderen steht aber auch die Gleichheit der Ausgelosten einer Aussprache im Plenum entgegen: denn es würden wieder nur die das Wort ergreifen, die sich das zutrauen, die redegewandt sind und die meinen, vom Thema bereits genügend zu verstehen.

Wenn wie bei Anhörungen Fragen zulässig sein sollen, dann werden diese schriftlich gestellt (wobei jeder auch die Möglichkeit haben muss, seine Frage von einem Mitarbeiter aufschreiben zu lassen, wie das auch bei Gericht üblich ist), und wenn es zu viele Fragen sind, werden die von den Moderatoren (dazu s.u. „Unabhängige Begleitung des Parlaments") öffentlich zu stellenden Fragen ausgelost.

Neben der Information im Plenum mit allen (600 Leute) wird es Anhörungen in der einzelnen 24 Beratungsgruppe geben.

Hier können dann Fragen auch direkt mündlich gestellt werden, aber auch hier wird nicht diskutiert: Bürgerparlamentarier sind eben keine Politiker, die mit festen Meinungen antreten, sondern sie sind Fragende, Rechercheure, die das, was ihnen zur Entscheidung vorgelegt wird, möglichst gut verstehen wollen. Und niemand soll „Stimmung machen" für oder gegen eine Sache und damit die anderen Volksvertreter beeinflussen.

Um mal den möglichen Verlauf einer Tagung (= eine Beratungswoche) zu skizzieren:

1. Tag (Montag)

9 Uhr: Check-in und direkt danach Führung in Gruppen durch das Tagungsgebäude, zum Akklimatisieren, für erste Gespräche, zum Kennenlernen der Räumlichkeiten, des vorhandenen Services etc.

11 Uhr: Versammlung im Plenum, Begrüßung durch geeignete Persönlichkeiten, z.B. Bundespräsident und Direktor der Parlamentsverwaltung[75]. Allgemeine Verfahrenshinweise, kurze Vorstellung der Beratungsthemen und des Arbeitsplans für die Woche, ggf. Sachstandsberichte.

13 Uhr. Mittagessen

15 Uhr: Plenum zum ersten Gesetz (Einbringung bzw. Sachstandsbericht durch Minister und Fachreferenten, danach Einschätzungen von Fachleuten, Bürgergruppen etc. (vorbereitet und moderiert von einer „unabhängigen Begleitung des Bürgerparlaments" (s.u.)

18 Uhr: Erste Beratungseinheit in Kleingruppen (Arbeitsgruppen) nach dem Verfahren Citizens Jury (also: klare Leitfragen, die den Entscheidungsprozess voranbringen).

19 Uhr: Abendessen

20 Uhr: Vertiefung des Themas in den 20 Beratungsgruppen (umfangreichere Gesetze

müssen unter Anleitung durchgegangen werden, es gibt Verständnisfragen etc.)

2. Tag (Dienstag)

9 Uhr: Zweite Beratungseinheit in den Arbeitsgruppen (à 5 Bürgern)

11 Uhr: Dritte Beratungseinheit

13 Uhr: Mittagessen / Mittagspause

15 Uhr: Petitionen von Bürgern (jede Arbeitsgruppe erhält andere Petitionen)

17 Uhr: Vierte Beratungseinheit

19 Uhr Abendessen

20:30 Uhr: Passendes zum Thema, aber ohne Beratungsbedarf, z.B. Film, Besichtigung / Exkursion – oder einfach Feierabend

3. und 4. Tag (Mittwoch und Donnerstag)

Können ähnlich ablaufen. Allerdings sollte neben dem Hauptthema vom ersten Tag auch an anderen, kleineren Dingen gearbeitet werden; es wird immer „Wiedervorlagen" geben, Dinge, Gesetze, an denen nur noch kleine Änderungen vorzunehmen waren und bei denen entsprechend zu prüfen ist, ob die von den Vorgängern gewünschten Änderungen entsprechend umgesetzt sind; allerdings müssen die Volksvertreter auch hier in vollem Umfang verstanden haben, über was sie beraten und letztlich abstimmen, sie sollen nichts „durchwinken". Bei diesen kleineren Themen wird es reichen, wenn sich nur 100 Volksvertreter (= vier Beratungsgruppen) damit befassen. Ebenso können

sicherlich viele Detailfragen oder Detailprü-
fungen zum Hauptthema aufgeteilt werden.
Je nach Hauptthema kann z.B. am dritten Tag
aber auch eine ganztägige Exkursion oder ein
ganztägiges Hearing notwendig sein. In jedem
Fall sollte die Woche nicht ganz gleichförmig
verlaufen.

5. Tag (Freitag)

9 Uhr: Plenum mit Vorstellung aller Ergebnisse
zum Hauptthema und ggf. zu kleineren Ein-
zelthemen durch Moderatoren, Rückfrage-
möglichkeit (schriftlich) an die anwesenden
Mitarbeiter der federführenden Ministerien
und anderer anwesender Fachleute, Politiker
etc. Je nach Stand der Beratungen Abstimmung
über die Gesetzentwürfe in der nun vorliegenden Fassung (die sich seit Montag deutlich
verändert haben kann) oder Rückgabe an das
federführende Ministerium zur weiteren Bearbeitung, so dass sich ein anderes Bürgerparlament zu einem späteren Zeitpunkt damit erneut
beschäftigen wird.

12 Uhr: ggf. Beratungsgruppen zu letzten Fragen,
die am Vormittag aufgekommen sind.

13 Uhr Mittagessen

15 Uhr: ggf. Abstimmung über Gesetz(e) im
Plenum (geheim) oder weitere Beratungen

18 Uhr: Reflexion des Verfahrens, Feedback, Be-
fragung der Volksvertreter (Evaluation) (alles
schriftlich), Pressekonferenz, Interviewmög-
lichkeiten

20 Uhr: Abschlussfest / Demokratiefest der Bürgerparlamentarier

Organisatorisch braucht es neben Hotelunterbrin-
gung von Sonntag bis Samstag für die Volksvertreter
auch Kultur- und Freizeitangebote, damit sie sich in
dieser anstrengenden Woche wohl fühlen. Solche
Beratungsarbeit wird für viele Ausgeloste unge-
wohnt und daher sehr anstrengend sein.

Gesetzgebungsverfahren

Das Bürgerparlament ist dazu da, Gesetzesvorlagen zu diskutieren und sie erst dann zu verab-
schieden, wenn sie mindestens von der Mehrheit
getragen werden. Dabei ist das große Finale nicht
erst die Abstimmung im Plenum am letzten Tag. Da
es sich um ein Konsensverfahren handelt, sollten
Gesetze in der Endabstimmung immer eine sehr
deutliche Mehrheit bekommen (ungeachtet dessen,
was man gesetzlich dafür vorschreibt).

Komplizierte, umfangreiche Gesetze müssen
entsprechend so für die Beratungen untergliedert
werden, dass die Materie von den Laien zu beherrschen ist. Wie das im Detail aussehen kann, müssen
die Verwaltungsfachleute erarbeiten – mit der einzigen Vorgabe: es muss gehen.

Sollte etwa eine komplette Revision des Strafge-
setzbuches (StGB) anstehen, dann wären sicherlich zunächst Tagungen des Bürgerparlaments
notwendig, um Grundsätzliches zu klären: das
„Recht des Strafens" (Tucholsky), die Sicherheits-
interessen der Bevölkerung, Abschreckung, Steuerung etc. Ist Gefängnis überhaupt eine brauchbare

Sanktion (und für welche „Tätergruppen")? Welche Alternativen, Ergänzungen, Veränderungen sind möglich? Denn genau daran kranken ja viele Gesetze heute: dass sie zig Mal geändert worden sind, ohne das große Ganze im Blick zu haben. Es wird etwas neu eingeführt, weil es eine Klientel so will, es wird etwas geändert, weil man es für opportun hält – aber als Ganzes ist es dann eben nicht mehr stimmig (oder war es noch nie, Beispiel Tierschutzgesetz mit einerseits hohen ethischen Ansprüchen und andererseits unerträglichen Ausnahmen und Sonderregelungen für Wirtschaftsinteressen).

Erst nach diesem Blick aufs Ganze könnten sich Volksvertreter mit einzelnen Abschnitten beschäftigen, die sinnvoll zusammenhängen: Eigentumsdelikte, Sexualstrafrecht etc.

Bei anderen Gesetzen wird ein solches abschnittsweises Vorgehen nicht möglich sein. Aber auch hier muss es so aufgedröselt werden, dass ein Bürgerparlament in seiner fünftägigen Arbeitsphase sinnvoll voran kommt. Wer das für unmöglich hält: die Volksvertreter können sich ungefähr 25 Stunden mit einem Hauptthema im Rahmen dieses Parlamentsmodells beschäftigen, dazu kommen noch Pausengespräche etc. So viel Zeit investiert im Durchschnitt sicherlich kein Bundestagsabgeordneter in ein normales Gesetz, das nicht sein eigenes Fachgebiet ist (und er stimmt am Ende dennoch ab), und erst recht wird wohl kaum ein normaler Bürger in Vorbereitung auf eine Wahl oder Volksabstimmung so lange und mit so viel angebotener Expertise mit einem Einzelthema befassen. Was ein Bürgerparlament leistet, ist also in jedem Fall weit mehr als die derzeitige Politik. Denn das Aushandeln mit Interessengruppen, das Repräsentieren bei gesellschaftlichen Terminen, die abendliche Begegnung mit Lobbyisten (resp. Fachleuten) im Restaurant, das Hintergrundgespräch mit Journalisten (zur Setzung der eigenen Themen) etc. – all das ist ja nicht Aufgabe der Bürgerparlamentarier, damit haben sie nichts zu tun, damit verbringen sie nicht ihre Zeit.

Ein Gesetz wie das zur „Vorratsdatenspeicherung", der Einsatz der Bundeswehr im Ausland oder die Erhöhung oder Senkung einer Steuer wird wohl meist mehrere Durchläufe im Parlament benötigen. Bei nur drei Durchgängen (die nicht mit den bisherigen „Lesungen" von Gesetzen im Bundestag zu vergleichen sind) haben sich also am Ende 1500 Bürger insgesamt 37.500 Stunden damit regulär beschäftigt (wie gesagt: Pausengespräche, Nachdenken in schlafloser Nacht u.ä. nicht mitgerechnet) – und dies, ohne auch nur irgendein persönliches Geld-, Macht- oder Einflussinteresse daran zu haben, denn schon nach fünf Tagen sind sie ja wieder in ihrem bisherigen Leben, ihrem Job, ihrer Familie. Wer will behaupten, dass so viel demokratischer Aufwand von unseren derzeit 620 Abgeordneten für ein Gesetz aufgebracht wird?

Nochmal zum Verfahrensablauf: Es soll ein neues Gesetz gemacht oder ein bestehendes geändert werden. Das meint die Regierung bzw. das fachlich zuständige Ministerium, das kann aber auch durch ein Volksbegehren gesetzt sein (mit dem entweder nur die Aufforderung an die Regierungspolitik verbunden ist, ein Gesetz gemäß dieser und jener Grundpfeiler zu erarbeiten oder zu dem bereits ein konkreter, weiter zu bearbeitender Vorschlag von den Initiatoren vorliegt).

Die Ministerialbürokratie erarbeitet oder bearbeitet also einen Vorschlag, wozu sie sich gerne externe Hilfe nehmen darf (nur nicht Rechtsanwaltskanzleien, die mit diesem Themengebiet ihr Geld verdienen wollen). Sie wird dabei auch die Vorschläge und Forderungen von Interessengruppen zur Kenntnis nehmen. Doch anders als derzeit gibt es für ein Gesetz keine sichere parlamentarische Mehrheit (eben die der Regierungskoalition), das Gesetz muss die ausgelosten Volksvertreter überzeugen.

Bei der Beratung im Bürgerparlament wird es erstmal nur um Grundsätzliches gehen: ist es überhaupt sinnvoll, hierzu ein Gesetz zu machen, stimmen die Ziele, welche Auswirkungen wird es auf die Gesellschaft haben? Dazu wird es im Laufe der Zeit klare Prüfraster geben. So könnte sich aus vorangegangener Parlamentsbeschlüssen oder Volksentscheiden ergeben haben, dass jede Neuregelung für die Bürger kostenneutral sein muss – sie also nicht mit einer Ausgabensteigerung verbunden sein darf. Dann bräuchte es einen sogenannten „Deckungsvorschlag", wie er heute bei Volksentscheiden verlangt wird, wenn diese fiskalische Auswirkungen haben (was aber in den meisten Bundesländern derzeit verboten ist). Oder es könnte ein Grundsatz entwickelt worden sein, wonach in die Freiheitsrechte des Einzelnen nicht weiter eingegriffen werden darf

(damit wäre zum Beispiel die immer weiter voran-
schreitende Überwachung grundsätzlich gestoppt
und die Regierung müsste sich für ihre Interessen
andere Wege suchen, als die Bürger zu immer mehr
Aussagen gegen sich selbst zu nötigen – was ja dem
Strafrecht z.B. eigentlich fremd ist).

Es werden hierfür einfache Prüfkataloge entstehen, die bei der ersten Einschätzung helfen –
und nach denen man ein Regierungsansinnen auch
sofort verwerfen kann.

Weil das Verfahren aber transparent ist, wird
die Regierung, die neue Regelungen wünscht, von
Anfang an darauf bedacht sein, dass ihr Vorhaben
die Volksvertreter überzeugen kann. Sie wird wollen,
dass das Bürgerparlament als repräsentative Vertretung des Volkes ihrem Vorschlag zustimmt, ihn für
sinnvoll und notwendig hält.

So kann es also eine oder viele Parlamentswochen
brauchen, bis ein Gesetz einmal komplett durch-
gearbeitet ist. Dabei sind die Parlamentarier nicht
nur auf die Informationen aus ihrem Beratungsprozess angewiesen. Denn je wichtiger ein Thema ist
oder je länger es schon beraten wird, um so größer
wird die öffentliche Aufmerksamkeit dafür werden,
um so mehr werden Journalisten recherchieren und
berichten, werden die Bürger darüber diskutieren
– vielleicht auch mit dem Gedanken, dass sie ja das
Glück haben könnten ausgelost zu werden.

Irgendwann jedenfalls wird die finale Entscheidung fallen: ein Gesetz wird – in zigfach überar-
beiteter oder auch original ursprünglicher Fassung
– angenommen oder abgelehnt. Das kann dem-

nach in einer Woche geschehen (wenn alles klar ist und passt), es kann aber auch mehrere Jahre dauern (was auch in der derzeitigen repräsentativen Parteiendemokratie vorkommt, dort allerdings meist aus Kalkül, nicht aus lauter Sachinteresse).

Jedes Bürgerparlament ist in seinen Entscheidungen natürlich frei und daher nicht an die Beratungsergebnisse der Vorgänger gebunden, aber da die Volksvertreter ja selbst nicht die Gesetze schreiben, sondern nur prüfen, Fragen stellen und Änderungen fordern, ist auch bei von Woche zu Woche wechselnder Besetzung mit einer kontinuierlichen Arbeit zu rechnen. Denn das Votum eines Bürgerparlaments ist ja gerade kein Willkürakt, sondern Ergebnis eines konsensualen Beratungsprozesses. Bei 600 Volksvertretern je Durchgang ist es ausgeschlossen, dass ein in der ersten Maiwoche tagendes Bürgerparlament die Dinge völlig anders bewertet als ein danach tagendes in der zweiten, dritten oder vierten Maiwoche.[76]

Das Gesetzgebungsverfahren könnte auf drei Wegen angestoßen werden:
- durch die Regierung (wie bisher)
- durch einzelne Minister (das geht bisher gemäß Art. 76 GG nicht, ist aber im Hinblick auf ihre Direktwahl notwendig)
- durch jedwede Interessengruppe oder Einzelperson, die dazu wie derzeit schon in den Bundesländern eine Volksinitiative und ggf. ein Volksbegehren starten kann (s.u.).

Das Bürgerparlament hingegen ist nicht dazu da, Gesetze zu initiieren. Aber aus seinen Beratungen kann sich natürlich der Bedarf für Änderungen und Neuerungen ergeben – den dann Politik oder Bürger aufgreifen können.

Unabhängige Begleitung des Parlaments (Neutrale Moderation)

Beim Bürgerbeteiligungsverfahren Planungszelle/ Bürgergutachten wird die gesamte Organisation einem externen Dienstleister übertragen. Der Auftraggeber (ein Ministerium, eine Stadtverwaltung o.ä.) benennt nur das Problem und die derzeit vorhandenen alternativen Lösungswege, alles andere macht ein unabhängiges Unternehmen und nicht die staatliche Verwaltung. Dies ist in vielfacher Hinsicht überzeugend und sollte daher auch für das Bürgerparlament adaptiert werden. Bei dem hier in Aussicht gestellten Groß- und Dauerbetrieb sähe das natürlich etwas anders aus. Bestimmte Routineaufgaben wie die Auslosung und Einladung der Bürger würde von der Parlamentsverwaltung übernommen, die dabei selbstverständlich stichprobenartig penibel auf Korrektheit geprüft werden muss. Auch die gesamte Koordination von Gesetzgebungsverfahren, die Freistellung und Betreuung der Volksvertreter und vieles andere kann von der vorhandenen, derzeit immerhin 2700 Mitarbeiter starken „Bundestagsverwaltung" erledigt werden.

Die Aufarbeitung der Themen in einzelnen Beratungsblöcke, die Entwicklung von Leitfragen und die Auswahl von Sachverständigen und Interessenvertretern muss jedoch von unabhängigen Dienstleistern[77] übernommen werden, ebenso wie die Moderation oder besser Begleitung der einzelnen 25er-Beratungsgruppen. Denn dies ist ein sensibler, tatsächlich manipulierbarer Bereich: mit unzureichenden oder gefärbten Informationen entscheidet auch ein Bürgerparlament nicht nach bestem Wissen. Der externe Dienstleister zur unabhängigen Begleitung des Parlaments hat das größte Interesse an sauberer, transparenter, manipulationsfreier Arbeit, denn er möchte ja erneut einen Auftrag bekommen. Externe Dienstleister verringern weiter die Möglichkeiten zur Einflussnahme von Lobbyisten, sie können aber gleichwohl auch für Erfahrung und Kontinuität stehen, wenn sie über die Jahre immer wieder beauftragt werden. Wesentliches Zeugnis dafür wird das Votum der Volksvertreter selbst sein, die am Ende ihrer Beratungswoche in einer unabhängigen Evaluation nach ihrer Zufriedenheit mit dem Verfahren befragt werden.[78]

Um die Unabhängigkeit in jedem Fall zu gewährleisten sollten die unabhängigen Dienstleister nur einen Teil ihres Geschäftsumsatzes mit der Begleitung der Parlamentsarbeit machen und nur wenige Beratungswochen pro Jahr übernehmen dürfen.

Regierungsbildung

Welche Ministerposten es in einer direkt gewählten Regierung zu besetzen gibt, wird in einem Gesetz festgelegt (und nicht mehr zwischen Koalitionsparteien ausgehandelt) – rechtzeitig vor der Wahl.

Bei der Frage nach Zulassungsvoraussetzungen zur Kandidatur ist eigentlich am spannendsten, wie man Wettbewerbsverzerrungen durch reiche bzw. finanziell gut unterstützte Kandidaten vermeiden kann.

Kandidieren können soll möglichst jeder, aber real wählbar ist natürlich nur, wer den Wählern auch bekannt ist. Also wird es eine erste, niedrige Hürde geben – wer als unabhängiger Direktkandidat in seinem Wahlkreis antreten will benötigt derzeit 200 Unterstützerunterschriften. Das könnte auch für eine Ministerbewerbung genügen. Damit könnte allerdings immer noch eine sehr große Bewerberschar für die einzelnen Ministerposten zusammenkommen, schließlich dürfte die Chance für viele verlockend klingen. Es wird eine geeignete Form von „Vorwahl" geben müssen mit dem Ziel, diejenigen, die tatsächlich ernsthaft Erfolgschancen haben von denen zu trennen, deren Kandidatur völlig aussichtslos ist. Das könnte über einen Mikrozensus geschehen (der nicht nur Zustimmung und Ablehnung erhebt sondern Details zu den Kandidaten), über internetbasierte Sachdiskussionen mit Zustimmungsmöglichkeit, über Medienauswertungen oder über eine Kombination von verschiedenen (noch kreativeren) Methoden. Für die endgültige Zulassung zur Wahl sollte weniger eine absolute Zustimmung notwendig sein als ein relativer Abstand zu anderen Bewerbern.

Den Debatten um Wahlreformen kann man entnehmen, dass eine relative Mehrheit nicht genügen sollte, um gewählt zu sein. Wenn also nicht im ersten Wahlgang die absolute Mehrheit erreicht, sind weitere Wahlgänge notwendig. Da eine ganze Bundesregierung mit derzeit z.B. 16 Ministern zu wählen ist, werden in jedem Fall mehrere Wahlgänge nötig sein, für die man dann gleich fest zwei, drei oder vier Sonntag reservieren kann (wobei das Wahlverfahren gegenüber den heute üblichen Stichwahlen noch um einiges vereinfacht werden kann, z.B. in dem die Wähler direkt auf dem ersten Wahlzettel auch eine zweite oder dritte Priorität angeben oder ein Präferenz-Ranking[79] beliebig vieler Kandidaten erstellen).

Da die Direktwahl von Personen nun mal von deren Bekanntheit und Akzeptanz in der Öffentlichkeit abhängt, muss hier in angemessenem Umfang Chancengleichheit geschaffen werden. Einerseits können Kandidaten, die die „Vorwahl" geschafft haben, öffentliche Unterstützung bekommen (die nicht nur in Geldzahlungen für Werbung bestehen muss), andererseits können Auflagen gemacht werden, die eine rein finanziell begründete Vormachtstellung einzelner Kandidaten verhindert.

Für die Zusammenarbeit in der letztendlich gewählten Regierung wird es gesetzliche Grundlagen geben müssen und nicht nur eine Geschäftsordnung wie derzeit. Die derzeitige Richtlinienkompetenz des Bundeskanzlers muss darin zum Beispiel klar erläutert werden, damit nicht die Ideen der einzeln gewählten Minister leer laufen. Die Minister müssen mehr Kompetenz bekommen (weil sie eben selbst Gesetze initiieren dürfen), andererseits ist auch eine Abstimmung der Ressorts untereinander und die jeweilige politische Vertretung in der Öffentlichkeit, in internationalen Gremien usw. zu regeln. Aber bis dahin fließt noch viel Wasser durch Rhein und Spree und Havel.

Rechtsverordnungen

Im Bundesrecht gibt es neben zig hundert Gesetzen auch eine Fülle von Verordnungen. Solche Verordnungen beschließt nicht das Parlament, sondern die Regierung selbst, wenn sie im entsprechenden Gesetz dazu befugt ist. Im Tierschutzgesetz ist zum Beispiel kaum etwas konkret geregelt. So heißt es in § 2a: „(1) Das Bundesministerium für Ernährung, Landwirtschaft und Verbraucherschutz (Bundesministerium) wird ermächtigt, durch Rechtsverordnung mit Zustimmung des Bundesrates, soweit es zum Schutz der Tiere erforderlich ist, die Anforderungen an die Haltung von Tieren nach § 2 näher zu bestimmen und dabei insbesondere Vorschriften zu erlassen über Anforderungen

1. hinsichtlich der Bewegungsmöglichkeit oder der Gemeinschaftsbedürfnisse der Tiere,

2. an Räume, Käfige, andere Behältnisse und sonstige Einrichtungen zur Unterbringung von Tieren sowie an die Beschaffenheit von Anbinde-, Fütterungs- und Tränkvorrichtungen, [usw.]"

Man kann über den Sinn streiten den es macht, wenn die Legislative sich selbst entmachtet und die Exekutive verbindliche Regeln machen lässt – zumal wenn die Zustimmung der Länderkammer gleichwohl bestehen bleibt. Angesichts der Bedeutung, die Rechtsverordnungen aber für unser Leben haben, sollte man im Zuge der Demokratisierung das Bürgerparlament nicht außen vor lassen. Die Rechtsverordnungen sind oft viel spannender als das Gesetz.

Wenn es einmal nötig sein sollte, mit einer Rechtsverordnung ganz schnell Klarheit zu schaffen, dann mag sie vorläufig in Kraft treten, bis das Bürgerparlament Ja oder Nein oder „Korrigieren!" gesagt hat. Die Rechtsverordnung wäre also nur ein vorläufiges Notinstrument bis zur parlamentarischen Gesetzesregelung.

Verfassungsgebung

Die gravierendsten Entscheidungen gegen das Volk haben die Parteien stets mit Verfassungsänderungen getroffen. Zwar hatte das Grundgesetz von Anfang an viele Einfallstore (fast alle Grundrechte stehen unter Gesetzesvorbehalt, d.h. können mit einem einfachen Gesetz eingeschränkt werden), der Verfassungsgesetzgeber hat aber mit inzwischen 59 Änderungen Freiheitsrechte z.T. bis zur Unkenntlichkeit verstümmelt und alles den Eigeninteressen des Staatsapparats untergeordnet.

Demokratie bietet die Chance, hier wieder neue Verhältnisse zu schaffen. Weil die Ansichten darüber, was das im einzelnen bedeuten mag, weit auseinandergehen, ist eine intensive Diskussion nötig.

Verfassungsänderungen sollten immer auch einer Volksabstimmung mit 2/3 Mehrheit der abgegebenen Stimmen bedürfen.

Im Vorfeld muss eine möglichst breite und intensive Beschäftigung der Bevölkerung mit der geplanten Änderung ermöglicht werden. So könnte das

Thema in allen weiterführenden Schulen verpflichtend behandelt werden, Kommunen könnten angehalten werden, in den kleinst möglichen Einheiten (Dörfern, Stadtbezirken) geeignete Veranstaltungen anzubieten (das kann von der Podiumsdiskussion über die Zukunftswerkstatt bis zu irgendeinem gänzlich neuen, innovativen Verfahren reichen) usw.

Die mehrfache Beratung im Bürgerparlament bildet aber auch hier den Kern des demokratischen Prozesses, denn dort wird miteinander gesprochen, dort fließen die Bürger- und Fachvoten ein, dort kann mehr als Ja und Nein gesagt werden. Und sowohl Ministerien als auch Parlamentsverwaltung werden gerne mit aller Hilfe zur Verfügung stehen, wollen sie doch am Erfolg[80] des Ganzen am Ende einen Anteil haben.

Direkte Demokratie

Wenn wir das Verfahren ernst nehmen, muss jede Entscheidung des Bürgerparlaments per Referendum abstimmbar sein: denn der Beschluss des Bürgerparlaments sollte von der Mehrheit der Bevölkerung getragen werden – mit dem Problem, dessen Lösung derzeit auch die Berufspolitiker für sich reklamieren: es sind oft sehr komplexe Gesetze, die da nach intensiven Beratungen zustande kommen und die sich nicht leichterhand mit einem Kreuzchen im Ja- oder Nein-Feld validieren lassen. Dies würde für die Volksgesetzgebung eine sehr intensive Beschäftigung jedes einzelnen Bürgers mit dem Abstimmungsgegenstand verlangen – was wohl kaum geschieht.

Eine Volksabstimmung wird deshalb ein Quorum von 50% und eine absolute Mehrheit benötigen, um erfolgreich sein zu können. Das Quorum ist an dieser Stelle[81] notwendig, damit eben nicht Partikularinteressen gegen die abgewogene Entscheidung des Bürgerparlaments durchgesetzt werden können, und eine absolute Mehrheit, weil sonst ein Gesetz auch bei nur 5% Zustimmung in Kraft treten würde, wenn nicht mehr als 4,9% dagegen sind und sich 90% enthalten (weil sie das Thema nicht interessiert, es ihnen zu kompliziert ist, sie sich eben einfach nicht entscheiden können, was ja völlig legitim ist).

In diesem Zusammenhang ist sicherlich zu prüfen, ob die Idee der Stimmübertragung zu realisieren ist. Dann könnte jeder stimmberechtigte Bürger für jede einzelne Volksabstimmung sein Mitspracherecht an die Person seines Vertrauens übertragen, an jemandem aus dem Bekanntenkreis, dem man in der Sache mehr Kenntnis zutraut, ja der vermutlich schon lange für eine bestimmte Position eintritt und davon zu überzeugen vermag. Es spricht wohl einiges dafür, die Zahl der Stimmhäufung auf eine Person strikt zu begrenzen (z.B. 10), weil sonst doch wieder „Parteien" entstünden – ein einzelner „Netzaktivist" mit 200.000 Stimmrechten oder mehr wäre hochgradig manipulierbar, und die Idee, dass Politik an der Basis stattfindet wäre auch dahin.

Das interessantere Instrument direkter Demokratie ist in unserem Modell aber ohnehin die Volksinitiative. Sie ist weit weniger aufwendig als die Volksgesetzgebung (Volksentscheid, Referendum) und sorgt zunächst nur dafür, dass ein Thema von der Politik behandelt werden muss. Weil das Bürgerparlament anderes arbeitet als bisher der Bundestag, muss sich das Anliegen einer Volksinitiative an die gewählte Regierung wenden, also den Kanzler oder ein Fachministerium. Es sollte die niederschwellige Bitte sein, sich eines Themas in bestimmter Weise anzunehmen. Der Verein „Mehr Demokratie" verlangt für eine Volksinitiative 100.000 Unterstützer-Unterschriften – diese Hürde erscheint mir für den Zweck, eine Idee vortragen zu dürfen, deutlich zu hoch. Denn viel mehr muss es nicht sein: eine erfolgreiche Initiative trifft sich mit dem Fachminister (und den zuständigen Referenten) und erörtert den eigenen Vorschlag. Daraus kann, muss sich aber kein Gesetz entwickeln. Die Regierungsmitglieder werden solche Anliegen sicherlich interessierter aufnehmen, als dies bisher (auf Landesebene) der Fall ist. Aber man muss natürlich auch deutlich sagen: Volksinitiativen müssen keineswegs dem „Volkswillen" entsprechen, es dürften sich hier auch Interessen einzelner Gruppen, Eliten, Außenseiter etc. zu Wort melden, und die Ideen dürfen beliebig krude sein. Deshalb ist es keineswegs per se verwerflich, wenn ein Ministerium auf eine Volksinitiative nicht mit einem Gesetzentwurf reagiert (bzw. die Vorlage der Initiative einfach übernimmt). Gespräch und abschließendes Statement der Politik sollten natürlich öffentlich sein.

Mit der nächsten Stufe, dem Volksbegehren, kann dann ein konkreter Gesetzentwurf zur Abstimmung ins Parlament gebracht werden, oder es wird – was bei komplexeren Themen nötig sein dürfte – das zu-

ständige Fachministerium beauftragt, einen Gesetzentwurf entlang der im Volksbegehren genannten
Punkte zu entwerfen.[82] Benennt das Volksbegehren
selbst einen Gesetzestext, sollte die Regierung frei
sein, einen Alternativvorschlag zu entwickeln bzw.
Veränderungsvorschläge zum Bürgerentwurf zu
machen. Die Beratung, Bearbeitung und letztlich
Verabschiedung erfolgt dann im Bürgerparlament.
Ein Volksbegehren kann also zur Folge haben, dass

- ein Gesetzentwurf genau so wie im Begehren
  vorgesehen vom Bürgerparlament verabschiedet
  wird,
- ein modifiziertes Gesetz beschlossen wird, das
  nicht den Vorgaben des Bürgerbegehrens entsprechen muss,
- kein Gesetz beschlossen wird, weil der Bürgervor-
  schlag und ggf. auch die Alternative der Regierung
  das Parlament nicht überzeugen konnten.

Damit haben die Stimmberechtigten einerseits ein
sehr machtvolles Instrument in der Hand, um die
Entscheidung in einer Sachfrage herbeizuführen,
andererseits behält aber das Parlament die volle
Kontrolle, womit die Hürde für das Volksbegehren
gar nicht so hoch sein muss (Mehr Demokratie e.V.
schlägt 1 Million Unterschriften vor).

Allerdings kann die Ablehnung im Parlament
nicht automatisch zum Volksentscheid führen, weil
sonst die Alternative nur sein dürfte, den Gesetzentwurf genau wie von den Initiatoren vorgelegt
abzusegnen. Das ist aber nie Aufgabe des Bürgerparlaments. Kein Gesetzentwurf wird am Ende der

Beratungen unverändert sein (wenn es sich nicht nur um einen klaren, schönen Satz handelt).

Sollten die Initiatoren und Unterstützer des Volksbegehrens mit dem Ergebnis nicht einverstanden sein, müssten sie entweder ein neues Volksbegehren starten (das aber natürlich nicht identisch mit dem ersten sein darf) oder die nötigen Unterstützerunterschriften für eine Volksabstimmung sammeln (dessen Hürde höher liegen muss als beim Volksbegehren).

Ein Volksentscheid muss in jedem Fall bindend sein, aber es wird häufig vor Inkrafttreten einer weiteren Bearbeitung bedürfen. Im einfachsten Falle sind noch irgendwo in anderen Gesetzen Rückverweise und Bezugnahmen zu finden, die angepasst werden müssen. In komplizierteren Fällen verursacht das vom Volk beschlossene Gesetz aber vielleicht auch ganz gravierende Probleme. Wenn etwa das bedingungslose Grundeinkommen eingeführt wurde, die im Gesetz enthaltene Finanzierung aber fehlerhaft ist, sich Rahmendaten ändern oder es aus anderen Gründen nicht genau so umzusetzen ist, wie es beschlossen wurde[83].

Deshalb muss für die Umsetzung ein Ministerium zuständig sein, und ggf. ist die Fachexpertise weiterer einzuholen. Die Ministerien haben natürlich nicht das Recht, ein Volksgesetz aus Laune oder Kalkül zu blockieren. Sie müssen für die fachlich korrekte Umsetzung sorgen, strikt am Wählervotum orientiert. Das Ergebnis ist, so es irgendwelche Ergänzungen, Veränderungen oder Erweiterungen gab, dem Bürgerparlament vorzulegen.[84]

Der schon seit langem geforderte direktdemokratische Bürgerentscheid bleibt also auch in diesem Modell nur ein Mittel der Ergänzung und Korrektur. Durch die Direktwahl der Regierungsmitglieder sollten gewünschte Veränderungen vorrangig von dort kommen, über Volksinitiative und –begehren sollten alle guten Vorschläge den Weg ins Bürgerparlament finden. Der monatliche Volksentscheid ist dabei ganz klar nicht das Ziel.

Beratung und Denkanstöße

Direktdemokratische Verfahren fußen meist auf der Annahme, bereits die einzig richtige Lösung für ein Problem, die einzig notwendige Veränderung für ein besseres Leben gefunden zu haben. Diese Lösung bzw. diese Politik muss dann nur noch durchgesetzt werden, wobei man viele Menschen überzeugen (oder instrumentalisieren) muss, um die auf der jeweiligen Verfahrensebene notwendige Zustimmung zu erhalten.

Mindestens ebenso wichtig ist es jedoch, seine Ideen, Fragen und Wünsche einbringen zu können, ohne dass man damit schon eine Massenbewegung auslöst. Neue, gar geniale Gedanken sollten nicht auf der Strecke bleiben, nur weil für sie niemand unterschreiben mag. Mit dem Internet stehen uns längst Möglichkeiten zur Verfügung, einzelnen kleinen Ideen ein großes Podium zu geben. Die Piraten-Partei ist da mit ihrer „Liquide Democracy" sehr weit. Hierbei wird über Vorschläge, Anträge oder sonstiges via Internet diskutiert und abgestimmt, wobei alle Berechtigten (also z.B. Parteimitglieder oder angemeldete User oder alle Bürger) zu allen Themen selbst abstimmen können, oder ihr Stimmrecht auf eine andere Person übertragen, die ihnen in diesem Bereich kompetenter erscheint.

Solch ein Verfahren der „E-Demokratie" könnte sehr gut als Initiativen-Stimulator genutzt werden: es geht nicht um die endgültige Abstimmung, sondern darum, ein Thema auf die politische Agenda zu setzen und dabei schon Entwicklungsziele vorzugeben. Denn viele Spezialthemen sind zwar wichtig, interessieren aber zu wenig Menschen, als dass man auf die Abstimmung aller (oder wenigstens möglichst vieler) setzen sollte.

Erreicht ein Vorschlag (oder auch eine Frage) über ein Instrument wie „Liquide Democracy" ein gewisses Unterstützerlevel (das eben auch durch viele pauschal übertragene Stimmen auf einige wenige Experten erreicht werden kann), müsste sich das zuständige Ministerium damit befassen (ohne dass dafür eine Volksinitiative notwendig ist, aber mit den selben Ansprüchen).

Beispiel für eine offene Formulierung: Der Bundesgerichtshof (BGH) hat am 14. Mai 2013 entschieden, die automatische Suchwortergänzung bei Google könne eine Verletzung von Persönlichkeitsrechten sein (VI ZR 269/12). Google hatte Begriffe angeboten, die oft zusammen gesucht werden, zu dem Namen eines Klägers etwa „Scientology" und „Betrug". Ein solches BGH-Urteil wird juristisch sauber hergeleitet sein, gleichwohl darf man es aus vielfältigen Gründen für eine Fehlentscheidung halten. Hiergegen könnte sich eine Volksinitiative richten mit dem Ziel, in den Gesetzen klarzustellen, dass computergestützte statistische Wortvorschläge keine Persönlichkeitsrechte verletzen. An welchen Stellen dazu eine Konkretisierung nötig ist, um die höchstrichterliche Rechtsprechung zu korrigieren, müssten die Initiatoren via „Liquide Democracy" noch gar nicht wissen, im digitalen Beratungsprozess können dabei Ideen gesammelt werden, am Ende hätte das Justizministerium für einen brauchbaren Vorschlag zu sorgen (oder diesen eben aus eigenen fachlichen Erwägungen abzulehnen, dann wäre ein Volksbegehren zu starten).

Petitionen

Das Grundgesetz gewährt jedem das Recht, „sich einzeln oder in Gemeinschaft mit anderen schriftlich mit Bitten oder Beschwerden an die zuständigen Stellen und an die Volksvertretung zu wenden" (Art. 17). Den Petitionsausschuss des Bundestags erreichen so jährlich 15.000 bis 20.000 Eingaben von Bürgern. Diese gewaltige Menge muss ein Bürgerparlament nicht schrecken, denn sie wird derzeit natürlich auch nicht von den nur 26 Ausschussmitgliedern allein bewältigt, vielmehr wird der Großteil der Arbeit vom Ausschussdienst erledigt, also Mitarbeitern der Bundestagsverwaltung. Da derzeit vielfältige Bürgerbeteiligungsverfahren erprobt werden, wird sich auch das Petitionswesen weiterentwickeln. So hat die FDP den Vorschlag entwickelt, Petitionen, die 100.000 Unterstützer finden, direkt im Bundestag zu verhandeln.[85] Die wichtige Aufgabe, auf einzelne Bürgerbeschwerden zur Arbeit von Behörden zu reagieren, wird auch das Bürgerparlament stemmen können.

Evaluation / kontinuierliche Verbesserung

Die Arbeit eines jeden Wochenparlaments muss evaluiert werden. Am einfachsten geht das mit einem standardisierten Fragebogen am Ende der Tagungswoche (der, das wird gerne bei Seminaren und anderen Veranstaltungen übersehen, auf alle Fälle anonym und unbeobachtet ausgefüllt werden muss). Fragestellung, Auswertung und Veröffentlichung der Ergebnisse kann wahrscheinlich die Verwaltung am besten übernehmen. Es könnte dabei einige Pflichtfragen geben, mit denen die Validität des Verfahrens abgesichert werden soll (etwa: Haben Sie sich objektiv und umfassend genug informiert gefühlt? Sind Sie mit dem Ergebnis Ihrer Beratungsgruppe zufrieden?). Die Evaluation darf natürlich kein Instrument sein, um durch die Hintertür den Konsensprozess auszuhebeln (nach dem Motto: weil ich persönlich mich mit meinem Anliegen nicht durchsetzen konnte, behaupte ich jetzt Verfahrensmängel), aber es muss eine strenge Kontrolle der Qualität des Verfahrens geben.

Für ein erweitertes Feedback und als persönliche Wertschätzung sollten auch ehemalige Bürgerparlamentarier später nochmal eingeladen werden, wenn das Gesetz, an dem sie wesentlich gearbeitet haben, tatsächlich fertig bearbeitet und in Kraft getreten ist (das „Demokratiefest" am Freitagabend bietet sich dafür an).

Kosten

Danach wird ja bei uns eigentlich immer als erstes gefragt – wenn man etwas ablehnen will: was kostet es, wer soll das bezahlen? Und dann ist alles Missliebige per se zu teuer. Nicht nach den Kosten gefragt wird immer bei dem, was Parteipolitik einfach haben will (Krieg in Afghanistan zum Beispiel).

Es lässt sich aber recht leicht überschlagen, dass selbst bei pausenloser Parlamentsarbeit die bisher für Berufsabgeordneten vorgesehenen Haushaltsmittel ausreichen werden.

Ein Bundestagsabgeordneter verdient monatlich 8.252 Euro[86] und erhält zusätzlich 4.123 € Aufwandsentschädigung bzw. Kostenpauschale und noch ein paar kleine Extras (wie DB Netzkarte 1. Klasse, ausgestattetes Büro in Berlin). Ferner darf er für 15.798 Euro pro Monat Mitarbeiter beschäftigen, die vom Bundestag bezahlt werden. Pro Abgeordneten kommen so monatlich gut 30.000 EUR an Kosten zusammen – im Bürgerparlament stehen also pro Woche für jeden Ausgelosten Bürger etwa 7.500 Euro zur Verfügung.[87]

Die vorhandene Verwaltung wird tendenziell schrumpfen können, und auch mit den benötigten externen Dienstleistern für die Beratungsbegleitung werden die Gesamtkosten nicht höher liegen als derzeit – und sollte doch mehr Geld benötigt werden, dann soll die Demokratie daran wohl nicht scheitern. Denn billig ist nicht immer gut.

Für die Beauftragung der externen Dienstleister beispielsweise muss es ein Mindestbudget geben, das nicht unterboten werden kann. Vielmehr sollen sich bewerbende Firmen durch ihr Know-how, ihre Erfahrung, ihre kreativen Ideen und ggf. das positive Feedback bei vorangegangenen Aufträgen auszeichnen. Deshalb kann die Honorarforderung im Angebot natürlich über dem Mindestbetrag liegen.

Öffentlichkeit und Transparenz

Das öffentliche Verhandeln wird regelmäßig als ein Grundelement der Demokratie angesehen. Dementsprechend gibt es schon lange Kritik an der intensiven Arbeit in nicht-öffentlichen Ausschüssen des Parlaments.

Die Arbeit der Bürgerparlamentarier in ihren Beratungsgruppen (24 an der Zahl) und Arbeitskreisen (120 in wechselnder Besetzung) kann jedoch nicht öffentlich geschehen, weil Öffentlichkeit das besondere Element dieses Konsensverfahrens zerstören würde: aus vertrauensvollen Gesprächen (oft mit sehr persönlichen Anteilen) würden Fensterreden, zurückhaltendere Personen würden schweigen, die Argumentation liefe wieder auf Sieg oder Niederlage hinaus. Das haben schon viele erlebt, die mit konsequenter Öffentlichkeit ihre Gesprächskultur beschädigt haben.

Öffentlichkeit und Transparenz verlangt aber natürlich, dass alle Beratungsergebnisse nachvollziehbar sind. Dazu werden sie ausführlich dokumentiert und veröffentlicht, einschließlich aller Namen der Bürgerparlamentarier, aller Referenten, aller sonstigen Informationsquellen, mit Abstimmungsergebnissen und abweichenden Positionen.

Und am Ende jeder Beratungswoche sollte eine Pressekonferenz stehen, bei der allerdings in erster Linie die professionellen Begleiter der Beratungsarbeit die Ergebnisse vorstellen und dabei von freiwilligen Bürgerparlamentariern unterstützt werden; eine solche Pressekonferenz zum Abschluss darf aber kein Kreuzverhör durch Lobbyisten werden, die mit Fangfragen und (nicht zu überprüfenden) Vorhalten die Parlamentsarbeit der Laien zu diskreditieren versuchen.

Für Auskünfte zum Stand von Gesetzgebungsverfahren ist die Parlamentsverwaltung zuständig (die auch heute schon Presse- und Öffentlichkeitsarbeit betreibt).

Bestechung

Jede Form von Einflussnahme auf die Volksvertreter wie auch die unabhängige Begleitung muss gesetzlich verboten sein – sie sollte aber auch kaum möglich sein, da die Parlamentarier vor ihrer Tätigkeit nicht öffentlich bekannt gegeben werden und man sie nicht wie Abgeordnete ansprechen kann. Ebenso muss nicht im Vorhinein veröffentlicht werden, welcher Dienstleister mit der Beratungsvorbereitung welchen Gesetzes betraut wird – der Transparenz ist genüge getan, wenn dies im Nachhinein öffentlich wird.

Dann bleibt nur, dass Bürger selbst auf ihre Auslosung aufmerksam machen – was sie nicht verschweigen müssen, denn ihre Beratungsthemen kennen sie nicht. Aber natürlich muss es verboten sein, als Volksvertreter auf Zeit Geld, Vorteile oder

Aufträge von Lobbygruppen, Firmen oder sonst wem anzunehmen oder sich für entsprechende Dienste anzubieten.

Insgesamt dürften hier aber keine Probleme entstehen, die – rein technisch gegebene – Unbestechlichkeit von ausgelosten Bürgern ist ja gerade ein entscheidender Vorzug gegenüber Berufspolitikern, die per se aus eigenwirtschaftlichen Gründen Politik machen.

Details zum Bürgerparlament aus Organisationssicht

In der hier vorgeschlagenen Form hat weltweit noch keine Zufallsauswahl von Bürgern getagt. So sehr sich die konkreten Gestaltungsideen auch an erprobten Verfahren orientieren – vieles muss per Trial-and-Error ausprobiert werden.

So geht der Vorschlag ja davon aus, weiterhin in Berlin zu tagen, weil dort die gesamte politische Infrastruktur vorhanden ist. Damit werden statistisch in jeder Runde die meisten Volksvertreter aus der weiteren Entfernung kommen und eine Herberge brauchen. Es gibt bisher m.W. keine Erfahrungswerte, welchen Einfluss es hat, wenn ausgeloste Bürger auch nach der Beratungsarbeit in ihrer Freizeit noch beisammen sind. Hier könnten sich doch wieder Opinion-Leader herausbilden und profilieren, an der Bar große Reden schwingen, andere Ausgeloste für sich vereinnahmen. Das gälte es in jedem Fall zu vermeiden.

Es könnte sich auch als eine Option herausstellen, gelegentlich oder zu bestimmten Themen nicht zentral zu tagen, sondern über ganz Deutschland verteilt (was zwar für die Volksvertreter einfacher ist, organisatorisch aber eine enorme Herausforderung darstellt) oder wenigstens ab und zu mal an einem anderen Ort – einem Ort, wo die Politiker und Ministerialbeamten kein Heimspiel haben; zumindest wäre zu testen, ob der Ort Einfluss auf den Beratungsverlauf hat (was dann in geeigneter Weise zu korrigieren wäre). In jedem Fall sind zeitweise „Tagungen" an anderen Orten gelegentlich sachlich geboten: die Volksvertreter müssen wissen, über was sie entscheiden und dazu ggf. Landschaftsschutzgebiete, Autobahnen, Salzstöcke, Militärfabriken oder sonstiges in Augenschein nehmen.

Wahlkreis-Abgeordnete

Bisher ist im Bundestag aus jedem Wahlkreis mindestens ein Abgeordneter vertreten – über die Erststimme. Mit der Auslosung der Parlamentarier entfällt dieses Prinzip, wenn man nicht aus jedem Wahlkreis zwei Vertreter auslosen will (also 598 insgesamt). Für die Repräsentativität wäre diese geschichtete Zufallsstichprobe gut denkbar, ob sie auch notwendig ist sei dahingestellt.

In jedem Fall kann ein Bürgerparlamentarier nicht die Aufgaben erfüllen, die dem derzeitigen Wahlkreis-Abgeordneten zugedacht sind: die dauerhafte Verbindung zwischen Parlament und Wahlkreis herstellen und die Bundespolitik in der Wahlkreis-Provinz repräsentieren.

Ich glaube nicht, dass außerhalb des Politikbetriebs jemand den Wahlkreisabgeordneten vermisst.

In der Lokalzeitung wird sich für sein Konterfei Ersatz finden. Anliegen aus der Region können auch auf anderem Weg nach Berlin gelangen als über einen „MdB".

Möglicherweise lässt sich aber auch eine andere Regionenvertretung organisieren – denn wir müssen ja noch den Bundesländern Mitsprache einräumen.

Beteiligung der Bundesländer

Die nicht als tausendjährige, sondern gleich „Ewigkeitsklausel" bezeichnete Bestimmung des Art. 79 GG verlangt „die grundsätzliche Mitwirkung der Länder bei der Gesetzgebung", was das hier vorgeschlagene Modell noch nicht berücksichtigt – weil mit immer mehr hypothetischen Wenns und Abers gearbeitet werden muss.

Die Länder wirken derzeit über den Bundesrat an der Gesetzgebung mit und werden dort von ihrer Regierung vertreten, nicht dem Landesparlament. Das ließe sich zunächst mal also beibehalten, und auch eine Direktwahl von Landesregierungen dürfte dem nicht abträglich sein.

Eine notwendige Länderkammer könnte dann ggf. auch vergrößert werden und – zumindest beratend – regionalen Verwaltungschefs wie Regierungspräsidenten oder einer bestimmten (ausgelosten oder gewählten) Zahl von Bürgermeistern unterschiedlich großer Städte und Gemeinden Plätze einräumen.

Natürlich ist eine Länderbeteiligung inhaltlich gar nicht mehr nötig, weil ja ohnehin aus allen Bundesländern Volksvertreter vorhanden sind und es keine Machtverteilung zwischen ihnen und den Landespolitikern geben kann. Aber sei's drum. Der Form wird man Genüge tun können, ohne dass die neue Demokratie schon wieder in den Sumpf der Karrieristen gezogen wird.

Bundespräsident

Seine derzeitige Stellung wird von den Reformvorschlägen nicht berührt. Über die Notwendigkeit eines Bundespräsidenten kann also weiterhin jederzeit diskutiert werden. Im Hinblick auf Kontinuität, Repräsentanz und protokollarische Aufgaben spricht aber wohl mehr für als gegen sein Amt.

Bundestagspräsident

Da das Bürgerparlament nur eine Woche lang tagt und dies – bis auf wenige Input-Momente – ausschließlich in kleinen Untergruppen, entfallen die Aufgaben, die bisher ein Bundestagspräsident und seine Stellvertreter_innen wahrnehmen. Für die organisatorische Leitung steht bereits der „Direktor beim Bundestag" zur Verfügung.

Kapitel 11

WAS WIRD AUS DEN PARTEIEN?

Welche Rolle spielen dann noch Parteien?

Parteien unterliegen nicht der (natürlich völlig unmöglichen) Ewigkeitsklausel des Grundgesetzes (Art. 79 GG) – und die hier vorgeschlagenen Veränderungen sind wohl alle mit dem, was ewig gelten soll, vereinbar, nämlich:

Artikel 1 GG:

(1) Die Würde des Menschen ist unantastbar. Sie zu achten und zu schützen ist Verpflichtung aller staatlichen Gewalt.

(2) Das Deutsche Volk bekennt sich darum zu unverletzlichen und unveräußerlichen Menschenrechten als Grundlage jeder menschlichen Gemeinschaft, des Friedens und der Gerechtigkeit in der Welt.

(3) Die nachfolgenden Grundrechte binden Gesetzgebung, vollziehende Gewalt und Rechtsprechung als unmittelbar geltendes Recht.

Artikel 20 GG:

(1) Die Bundesrepublik Deutschland ist ein demokratischer und sozialer Bundesstaat.

(2) Alle Staatsgewalt geht vom Volke aus. Sie wird vom Volke in Wahlen und Abstimmungen und durch

besondere Organe der Gesetzgebung, der vollziehenden Gewalt und der Rechtsprechung ausgeübt.

(3) Die Gesetzgebung ist an die verfassungsmäßige Ordnung, die vollziehende Gewalt und die Rechtsprechung sind an Gesetz und Recht gebunden.

(4) Gegen jeden, der es unternimmt, diese Ordnung zu beseitigen, haben alle Deutschen das Recht zum Widerstand, wenn andere Abhilfe nicht möglich ist.

Zu den heute alles dominierenden Parteien heißt es in Artikel 21 GG Abs. 1:

Die Parteien wirken bei der politischen Willensbildung des Volkes mit. Ihre Gründung ist frei. Ihre innere Ordnung muß demokratischen Grundsätzen entsprechen. Sie müssen über die Herkunft und Verwendung ihrer Mittel sowie über ihr Vermögen öffentlich Rechenschaft geben.

Gegen ihre Mitwirkung hat niemand etwas. Aber ihre Omnipräsenz bis hinein in alle Rundfunkräte, Sparkassen und kommunale Firmen wollen wir schon beenden, müssen wir beenden. Für Juristen und Politikwissenschaftler ist das gemeinhin natürlich unvorstellbar. Sie behaupten einfach, politische Parteien seien für unser Staatswesen unverzichtbar (freilich ohne jeden Beweis, der wohl auch nur in Form des Experiments zu erbringen wäre).Auch die Behauptung, „die Erwartungen der Bürger an die Parteien wuchsen stetig" (Rüttgers 2012: 104) bleibt ohne Beleg. Was wollten Sie je von einer Partei? Eben.

Entsprechend erfunden sind alle anderen Zuschreibungen unersetzbarer Funktionen der Parteien für die Gesellschaft. Von daher gibt es da auch nichts zu kompensieren. Der langweilige Redeteil bei offiziellen Empfängen wird etwas kürzer, Talkshows müssen sich neue Gästelisten erstellen und lustige Plakatwerbung bleibt Aufgabe der Spaß-Guerilla. Es werden wenige Tränen fließen. Denn um noch mal Simone Weil (2009: 35) zu bedenken:

„Fast überall - und sogar oft bei rein technischen Problemen - ist die Operation des Partei-Ergreifens, der Stellungnahme für oder gegen etwas an die Stelle der Operation des Denkens getreten. Diese Pest ist den politischen Milieus entsprungen und hat sich über das ganze Land fast auf das gesamte Denken ausgebreitet. Es ist fraglich, ob man dieser Pest, die uns umbringt, abhelfen kann, ohne mit der Abschaffung der politischen Parteien zu beginnen."

Es muss nicht unsere Aufgabe sein, Ersatzbeschäftigungen für Parteien zu suchen, die in einer echten Demokratie ihren staatstragenden Einfluss verloren haben könnten.

Wenn es um die einzelnen Berufspolitiker geht: sie haben entweder längst Pensionsansprüche erworben und sind damit auch ohne Abgeordnetenmandat versorgt, oder sie bekommen ihr „Übergangsgeld", was ja dem Namen nach dazu gedacht ist, die Zeit zwischen erloschenem Abgeordneten-Mandat und neuer Erwerbstätigkeit zu überbrücken. Die derzeitige –von den Abgeordneten selbst gemachte – Regelung sieht vor:

„Für jedes Jahr der Parlamentszugehörigkeit wird ein Monat Übergangsgeld in Höhe der jeweils aktuellen Abgeordnetenentschädigung gezahlt, nach einer Wahlperiode also für vier Monate, insgesamt längstens für achtzehn Monate. Ab dem zweiten Monat nach dem Ausscheiden werden alle sonstigen Erwerbseinkünfte – auch solche aus privaten Quellen – auf das Übergangsgeld angerechnet."[88]

Auf diese Regelung lässt sich jeder ein, der für den Bundestag kandidiert. Und ein jeder sollte damit rechnen, bei der nächsten Wahl auszuscheiden (ob das nun am Wähler liegt oder an der parteiinternen Listenaufstellung). Von daher trifft niemanden „unbillig Härte", wenn er im nächsten Parlament nicht mehr gebraucht wird. Und bei der nicht ganz schlechten Bezahlung für das politische Mandat sollte sich jeder auch ein bisschen was zur Seite gelegt haben können.

Aber man sollte hier nicht kleinlich sein (und die Politiker, die ja letztlich jede Veränderung selbst zu beschließen haben, werden es schon großzügig richten). Verlängertes Übergangsgeld, Beitragszahlung in die und Anspruch an die Arbeitslosenversicherung, befristete Beraterverträge für alle – da wäre vieles denkbar, jedenfalls muss man sich um das finanzielle Auskommen der bisherigen Berufspolitiker keine großen Sorgen machen.

Ansonsten aber müssen sich die Parteien natürlich keineswegs auflösen. Sie können nur nicht mehr mit der Karriere als Berufspolitiker locken. Um so mehr können sie sich aber ihren Themen widmen, mit ihren Mitgliedern Perspektiven für die Gesellschaft entwickeln, gerne auch mal aktiv etwas tun anstatt immer nur zu fordern – so wie andere NGOs eben auch. Wenn dann allerdings die Bürger nur noch für Greenpeace, Pro Asyl oder die Diakonie spenden, SPD, CDU etc. aber nicht mehr bedenken, müssten diese Parteien eben an ihrem Portfolio arbeiten, sich überlegen, was sie gesellschaftlich Sinnvolles vollbringen wollen, das zur freiwilligen Finanzierung motiviert.

Im ehrenamtlichen Bereich, der ja den größten Teil der Parteienarbeit ausmacht, ändert sich nichts. In jedem Dorf, in jeder Stadt und in jedem Landkreis können die Parteien weiterhin an den Sachfragen arbeiten und ihre Vorschläge einbringen. Und wo gewählt wird, können sie natürlich auch Kandidaten aufstellen – aber eben nicht mehr nur sie.

Parteien sollen die Demokratie kritisch-konstruktiv begleiten. Allerdings müssen sie dafür neue Finanzierungswege finden. Denn die bisherige üppige Versorgung aus der Staatskasse ist natürlich nicht mehr zu rechtfertigen. Wollte man ihnen zum Beispiel weiterhin die Aufstockung ihrer Mitglieds- und Spendenbeiträge wie bisher aus dem Steueraufkommen gewähren (insgesamt 150 Millionen Euro jährlich[89]), so müsste man dies auch allen anderen gemeinnützigen Organisationen anbieten (also derzeit z.B. alle eingeworbenen Spenden und Mitgliedsbeiträge aus dem Staatshaushalt um 38% aufstocken). Das wird aber gesellschaftlich gar nicht wünschenswert sein.

Alle anderen gesellschaftlichen Aktionsgruppen müssen auch schauen, wie sie ihr Geld zusammenbekommen. Dabei sind sie ja längst nicht nur von Mitgliedsbeiträgen und Spenden abhängig. Es gibt (derzeit – es könnte sich in einer echten Demokratie auch ändern) unzählig Fördertöpfe auf allen Ebenen – man muss nur etwas mehr Aufwand betreiben, sie anzuzapfen, als dies derzeit für die Parteien nötig ist (die natürlich auch schon von fast all diesen Töpfen profitieren – nur dass sie eben zusätzlich eine staatliche Grundfinanzierung erhalten).

„Ist eine Bundesrepublik ohne die gute alte Tante SPD überhaupt vorstellbar?" – das ist die falsche Frage. Man könnte sich mit dem gleichen Recht Gedanken um die Rechtsextremen machen, die plötzlich ihre Parteienfinanzierung verlieren. Oder um die vielen Kleinstparteien, die zwar gesellschaftlich nichts Relevantes beitragen, aber ihre 0,5% bei einer Bundestagswahl schaffen – während sich weit bedeutsamere Gruppen nicht als Partei organisiert haben und deshalb leer ausgehen.

Die Parteien werden neue Aufgaben finden und sich inhaltlich wie organisatorisch stark verändern - das ist ja gewollt. Mit der bloßen Ankündigung, irgendwelche Steuern senken oder heben zu wollen, ist dann eben kein Blumentopf mehr zu gewinnen. Und die Zeiten, in denen jede Partei Antworten auf alle erdenklichen Lebensfragen gibt und dafür Interessenten findet, sind sicherlich längst vorbei.

Wie man mit dem ganzen Rattenschwanz der Parteien umgeht – ihren politischen Stiftungen etwa – das kann dann nach und nach in der Gesellschaft geklärt und vom Bürgerparlament entschieden werden. Einstweilen mag man ihnen

Bestandsschutz gewähren, indem die zuletzt rechtmäßigen Zahlungen noch ein wenig fortgesetzt werden. An ein paar Euro soll die Demokratie schließlich nicht scheitern. Die derzeit mehr als 2 Billionen Euro Staatsschulden (zuzüglich künftiger Verpflichtungen) haben wir jedenfalls den Parteien zu verdanken (und niemand weiß, wie dieser Schuldenberg getilgt werden soll – außer mit einer Staatspleite).

Parteien kann es also weiterhin geben, sie müssen sich nur „dem veränderten Markt" anpassen – das sollte ihnen aus der eigenen Terminologie heraus bekannt sein. Vielleicht finden sie dabei sogar zu neuer Größe. Aber das ist nun wahrlich ihre eigene Sache.

Kapitel 12

AUSBLICK AUF EIN
BESSERES LAND

Über die Demokratisierung Deutschlands zu
sprechen ist weder Phantasterei noch akademische
Selbstbeschäftigung. Form follows function – auch
in der Staatsorganisation, und so werden die verschiedenen Reformbewegungen von der Hoffnung
getragen, das Zusammenleben anders gestalten zu
können. Die Gestaltungsräume der Parteipolitik sind
bedrückend eng. Mit einem Bürgerparlament und
direkt-gewählten Regierungspolitikern würde sich
vieles ändern. Dinge würden möglich, an die man als
Realist derzeit nicht einmal im Traum denkt. Es mag
befremdlich wirken, wenn jemand heute schon zu
wissen glaubt, wie eine demokratische Entscheidung
in der Zukunft ausfallen wird, aber es gibt doch gut
zu begründende Tendenzen. Einige Perspektiven:

Verantwortung beschreiben
Zunächst würden Grundfragen geklärt, damit
überhaupt einzelne politische Entscheidungen getroffen werden können. Muss „die Erde" für nach-
folgende Generationen bewahrt werden? Wie
weitreichend dürfen Entscheidungen einer Generation in die nachfolgenden hineinreichen? Braucht es

Naturschutzidylle, und wenn ja in welchem Umfang? Haben wir irgendwann genug von irgendetwas oder soll alles immer weiter wachsen, sich ausdehnen, Ressourcen verbrauchen? (Dann kann man vom berechenbaren Ende her planen.) Statt parteiprogrammatischer Lippenbekenntnisse gäbe es klare Zielvorgaben, Leitplanken für Entscheidungen.

Weniger Schulden

Es gäbe sicherlich nicht weiterhin ein Wachstum der Staatsausgaben. Die Begehrlichkeiten bleiben natürlich, aber ihnen kann nicht mehr im Hinterzimmer nachgegeben werden. Viele Umverteilungsfragen würden endlich so ausführlich diskutiert, dass danach auch allen klar ist, wie es weiter geht – tagespolitische Stimmungsmache wäre passé.

Bedingungsloses Grundeinkommen

Ein Ergebnis der Verteilungsdebatte könnte die Einführung eines bedingungslosen Grundeinkommens sein. Das kostet unterm Strich weit weniger, als manch Szenario heute glauben machen will, aber es wäre eben auch nur ein „Grundeinkommen" – es gäbe weiterhin Verdiener, „Besserverdiener" und Reiche. Der größte Teil der heutigen Sozialverwaltung wäre überflüssig, weil es keine Nachweise und Kontrollen der Bedürftigkeit und keine Auflagen mehr gäbe. Und vielleicht würde man gleich auch noch den Öffentlichen Personennahverkehr (ÖPNV) frei geben, nutzbar von jedem, ohne Ticket.

Klar ist jedenfalls: im heutigen Parteienstaat ist die Einführung eines bedingungslosen Grundeinkommens undenkbar. Viel zu viele leben von der Reglementierung, von den staatlichen Unterstützungsprogrammen, haben Posten und Pöstchen im System.

Vielleicht würde das Bürgerparlament am Ende die Idee vom bedingungslosen Grundeinkommen auch ablehnen. Dann wäre auch das in Ordnung, weil es so oder so die bestmögliche Entscheidung sein wird. Dann könnten sich die heutigen BGE-Aktivisten anderen Aufgaben zuwenden und neue Ideen entwickeln.

Zukunftsfähige Energieversorgung

Die „Energiewende" käme – entsprechende Grundentscheidungen vorausgesetzt – schnell und innovativ. Weil das Thema so wichtig ist, würde dafür auch jede Menge Geld in die Hand genommen, etwa um die alte aber bis heute nur theoretische Idee von Fallwindkraftwerken zu testen, um Stromtrassen zu bauen, um tatsächlich sparsamer zu wirtschaften. Ohne den Einfluss der Energiekonzerne wären grundlegende Veränderungen möglich – endlich.

Nachhaltige Landwirtschaft

Grundlegend ändern würde sich mit Sicherheit auch die „Landwirtschaft". „Bauernhöfe statt Agrarfabriken" wäre kein Slogan von Demonstranten mehr, sondern Programm. Tierquälerische Massentierhaltung würde ohne jede Ausnahme verboten, Abartigkeiten wie die Tötung von „Eintagsküken" oder die Züchtung von Holstein-Rindern würden beendet, bäuerliche Kleinbetrieb erhielten allein durch eine Reduzierung von Auflagen und Pflichten neue Perspektiven. Auch in einem demokratisierten Deutschland wird nicht alles Friede, Freude, Eierkuchen sein, die Mehrzahl der Bevölkerung wird weiterhin nicht vegan leben wollen und demnach auch nicht müssen, – aber vieles würde besser werden, weil sich weder wirtschaftliche Partikularinteressen noch der Egoismus des Einzelnen durchsetzen würde.

Weniger statt mehr Straßenverkehr

Das Wachstum des Güterverkehrs auf den Straßen würde nicht als Naturphänomen hingenommen. Es gibt dafür nämlich keinen anderen Grund, als dass einige (wenige) damit Geld verdienen.

Wir haben deshalb nicht mehr Joghurt oder besseren oder schöneren im Kühlregal stehen.

Lärm und schlechte Luft, die Unbenutzbarkeit vieler Straßen für Fahrradfahrer und der Preisverfall praktisch aller Häuser an Durchgangsstraßen sind nur einige der negativen Folgen des Straßenverkehrs.

Verständliche Gesetze

Es gibt unbestreitbar viel zu viele Gesetze und Verordnungen, einen undurchschaubaren Dschungel. (Am Stichtag 18.3.2013 umfasst das geltende Bundesrecht laut Justizministerium insgesamt 4.321 Gesetze und Rechtsverordnungen, wobei einzelne Gesetze wie das „Bürgerliche Gesetzbuch" oder das „Strafgesetzbuch" natürlich schon sehr vielfältig sind.) Selbst bei bestem Bemühen kann da kein Laie mehr durchblicken, und selbst Juristen können nur noch etwas zu ihrem Fachgebiet sagen.

Das Bürgerparlament wäre die neue Hürde für den Regelungswahn – und würde vor allem zu Klarheit und Einfachheit zwingen.

Sie halten in Ihrem Garten ein paar Hühner und wollen von der nächsten Naturbrut die Hähne zu gegebener Zeit schlachten und den Nachbarn geben. Weil Sie wissen, dass in Deutschland alles geregelt ist, suchen Sie kurz im Internet und finden unter anderem eine „Verordnung über Vermarktungsnormen für Geflügelfleisch" vom 22. März 2013, die Sie mit folgender „Eingangsformel" in Bürokratiestimmung zu bringen versucht:

„Auf Grund des § 1 Absatz 3 Satz 1 Nummer 1 in Verbindung mit § 2 Absatz 2 Nummer 1, 2, 3, 5 und 6, des § 1 Absatz 3 Satz 1 Nummer 2 und des § 1 Absatz 3 Satz 2 des Handelsklassengesetzes in der Fassung der Bekanntmachung vom 23. November 1972 (BGBl. I S. 2201), § 1 Absatz 3 zuletzt geändert durch Artikel 35 des Gesetzes vom 9. Dezember 2010 (BGBl. I S. 1934), verordnet das Bundesministerium für Ernährung, Landwirtschaft und Verbraucherschutz im Einvernehmen mit dem Bundesministerium für Wirtschaft und Technologie:"

Unter „§ 3 Verbot des Inverkehrbringens" lesen Sie alsdann:

(1) Es ist verboten, entgegen Artikel 116 der Verordnung (EG) Nr. 1234/2007 des Rates vom 22. Oktober 2007 über eine gemeinsame Organisation der Agrarmärkte und mit Sondervorschriften für bestimmte landwirtschaftliche Erzeugnisse (ABl. L 299

vom 16.11.2007, S. 1), die zuletzt durch die Verordnung (EU) Nr. 261/2012 (ABl. L 94 vom 30.3.2012, S.
38) geändert worden ist, in Verbindung mit

1. Anhang XIV Teil B Abschnitt III Nummer 1 Satz
1 Geflügelfleisch zum Verkauf vorrätig zu halten, anzubieten, feilzuhalten, zu liefern, zu verkaufen oder
sonst in den Verkehr zu bringen, das nicht oder nicht
richtig in eine vorgeschriebene Güteklasse einge-
stuft ist,

2. Anhang XIV Teil B Abschnitt III Nummer 2 Geflügelfleisch zum Verkauf vorrätig zu halten, anzubieten, feilzuhalten, zu liefern, zu verkaufen oder
sonst in den Verkehr zu bringen, das sich nicht in
einem der dort genannten Angebotszustände be-
findet.

(2) Es ist verboten,

1. Geflügelschlachtkörper zum Verkauf vorrätig
zu halten, feilzuhalten, zu liefern, zu verkaufen oder
sonst in den Verkehr zu bringen, die einer nach Artikel 3 Absatz 1 Satz 1 der Verordnung (EG) Nr.
543/2008 der Kommission vom 16. Juni 2008 mit
Durchführungsvorschriften zur Verordnung (EG)
Nr. 1234/2007 des Rates hinsichtlich der Vermarktungsnormen für Geflügelfleisch (ABl. L 157 vom
17.6.2008, S. 46), die zuletzt durch die Verordnung
(EU) Nr. 576/2011 (ABl. L 159 vom 17.6.2011, S. 66)
geändert worden ist, vorgeschriebenen Herrich-
tungsform nicht entsprechen,

2. [...]

Sie wissen natürlich nicht, was das bedeutet, ob
es Sie überhaupt betrifft. Und da haben Sie noch gar

nicht versucht die Grundfrage zu klären, ob es Ihnen wohl überhaupt erlaubt ist Hühner zu halten.

Solche bürokratischen Unverschämtheiten wird es mit einem Bürgerparlament nicht mehr geben – und nur mit ihm nicht mehr geben können. Nur der „Normalbürger" kann die Verwaltungen dazu zwingen, endlich wieder für die Bürger zu arbeiten und nicht für ihresgleichen und damit gegen das Volk.

Viele Gesetze oder Verordnungen werden erst gar nicht mehr entstehen, weil man sich ganz sicher auf mehr Freiheit und Eigenverantwortlichkeit einigen wird, schon weil niemand Lust hat, jeden kleinsten Lebensbereich zu regeln und zu kontrollieren – wenn man nicht genau dieses zum Beruf gemacht hat. Und die Gesetze und Verordnungen, die es dann noch gibt, werden einfach, klar und verständlich sein, weil kein echter Volksvertreter ein Gesetz abnicken wird, das er nicht vollständig verstanden hat, über das er in seinem Freundeskreis nach der einwöchigen Beratung erzählen kann, dessen Sinn und Inhalt er richtig wiederzugeben vermag.

Die Juristen sagen uns, das müsse alles so sein, weil die Materie so komplex sei, alles zusammenpassen müsse, jede Eventualität zu berücksichtigen sei.... Das ist einfach Quatsch. Die in Auszügen zitierte Geflügelfleisch-Verordnung ließe sich – ohne jetzt auf den Inhalt einzugehen – problemlos in ein verständliches Deutsch überführen. Und wenn sie dadurch sehr viel umfangreicher werden sollte, weil man nicht nur abstrakt auf andere Regelungen verweist, sondern ihre Inhalte benennt, dann ist es wohl spätestens an der Zeit zu prüfen, ob jede dieser Vorgaben nötig ist. Ein Gesetz muss nicht in einen Tweet passen, aber es muss denen, die es betrifft, in Art und Umfang zumutbar sein.

Journalismus könnte sich wieder lohnen

Die Qualität des Journalismus wird ja mit allerlei Raffinessen gemessen (so Dinge wie verständliche Sprache, Sachfehler, Rechtmäßigkeit, Zitathäufigkeit) – und so kann man von Tagung zu Tagung eiern und Leistungen hochhalten, denen leider das Geschäftsmodell flöten gegangen ist. Dabei gilt der Journalismus doch als unverzichtbar in einer Demokratie...

Die Wahrheit ist, dass der Politikjournalismus weiß, wie unbedeutend er für die Demokratie ist – aber wie bedeutend für das tägliche Machtspiel der Berufspolitiker und Lobbyisten. Deshalb werden auch keine Sachthemen geklärt, sondern Skandale inszeniert, beliebige Säue durch die Dörfer getrieben, Aufregungen ausgewechselt wie Unterhosen (und sehr ähnlich recycelt).

Mit Bürgerparlament und direkter Demokratie könnte sich Information endlich wieder lohnen. Die Leute würden sich dafür interessieren – und sie würden kompetenten Journalismus kaufen, weil sie damit plötzlich etwas anfangen könnten. Dann wäre es unmöglich, dass nach mehr als 30 Jahren Fachdebatte um den Klimawandel ein paar gelangweilte Kollegen eine Story daraus drehen wollen, dass in einer Broschüre des Umweltbundesamtes „Klimaskeptische Journalisten" namentlich genannt werden, weil es keine „klimaskeptischen Journalisten" gibt, aber ersatzweise natürlich Ideologieschwafler, die aber an anderen Stellen und anders alimentiert publizieren müssten. Politikjournalismus könnte es sich nicht mehr erlauben, ewig die gleichen Themen mit neuen Akteuren aufzukochen (Ist Atomkraft nun gefährlich? Muss der Staat sparen oder mehr Geld ausgeben, um den Untergang zu verhindern?). Die Dinge sind recherchier- und diskutierbar, und weil es keine Politshow mehr gibt, von deren Inszenierung Journalisten leben könnten, wird der Journalismus entweder endlich Leistung bringen oder verschwinden.

Kapitel 13

EINWÄNDE GEGEN DIE
DEMOKRATISIERUNG

**1. Die nötige Menge an Gesetzen und Gesetzes-
änderungen ist auf diese langwierige Weise nicht
zu schaffen!**

Richtig – das ist auch mit ein Sinn des Verfahrens. Derzeit winkt der Bundestag Gesetze en masse
einfach durch, weil er meint, es müsse sowieso beschlossen werden (z.B. Umsetzung von EU-Recht)
oder weil der die Arbeit in den Fachausschüssen für
ausreichend hält (die aber keine Gesetze beschließen
dürfen).

Derzeit verabschiedet der Bundestag pro Sit-
zungswoche gut 50 Gesetze. Das meiste sind „Än-
derungsgesetze", die also ein bestehendes oder
mehrere bestehende Gesetze in einzelnen Punkten
ändern. Ein solches „Artikelgesetz" liest sich recht
kryptisch, und nur wenige Parlamentarier werden
sich die Mühe machen, es exakt zu verstehen

Im Interesse der Bürger muss die Zahl neuer und
geänderter Gesetze deutlich reduziert werden. Das
ergibt sich mit dem Verfahren automatisch: die Ministerialbürokratie wird sich genauer überlegen,
was sie ändern will, sie wird die Gesetze möglichst
einfach und verständlich gestalten. Ziel einer demo-

kratischen Politik kann nicht sein, möglichst viele Gesetze zu machen, sondern einen Rechtsrahmen zu schaffen, den jeder versteht – so dass er sich auch daran halten kann. Die EU kann man übrigens auch nicht für alles verantwortlich machen: von ihr kommen zwar oft sehr folgenreiche Vorgaben (was demokratisch geändert werden muss), doch laut Bundestagsstatistik geht nur ein Drittel der deutschen Gesetze auf Impulse der EU zurück.

Es ist auch nicht wahr, dass es die Welt immer komplexer wird, weshalb immer mehr Regeln nötig seien. Aber es gibt natürlich immer Interessenten für noch mehr Regeln, noch mehr Vorschriften. Diese Interessenten sitzen in der Wirtschaft (und wollen Konkurrenten loswerden) sowie in der Verwaltung selbst. Beide müssen in einer Demokratie vom Volk nicht bedient werden.

In der zwangsläufigen Beschränkung des Regelungsvolumens liegt die Chance für Freiheit, Selbstbestimmung und Vielfalt. Ein Bürgerparlament wird alle Regelungen, die nicht zwingend nötig sind, unterlassen – weil es im Gegensatz zu Berufspolitikern keine berufsbedingte Selbstüberschätzung gibt. Wenn im Haushalt etwa die Budgets geklärt sind, d.h. die benötigten Einnahmen und die grobe Verteilung, kann man die Details denen überlassen, die es betrifft oder die Ahnung davon haben.

2. Politik muss schnell und aktuell reagieren können

Ja, aber das muss längst nicht immer in Form von Gesetzen geschehen. Politik soll das Gespräch

suchen, aushandeln, Interessengruppen zusammen-
bringen, für Verständigung sorgen. So wie Rechts-
frieden auch nicht mit möglichst vielen Urteilen
(also Verfahren, Zivilstreitigkeiten und Strafsachen
etc.) erreicht wird, gründet gute Politik auch nicht
auf möglichst vielen Gesetzen. Denn jedes Gesetz ist
ja der Versuch, allgemein zu regeln, was in Einzelsi-
tuationen zu tun ist – weshalb es dann tendenziell
unendlich viele Gesetze braucht.

Wo aber tatsächlich eine rechtsverbindliche Entscheidung der Regierungspolitik nötig ist, soll dies
auch weiterhin wie bisher z.B. durch Rechtsverordnungen möglich sein. Die eigentliche Gesetzesbe-
ratung wird im Bürgerparlament trotz der erheblich
gründlicheren Behandlung sogar schneller gehen als
derzeit, weil sie keinerlei taktischen Spielchen aus-
gesetzt ist.

Unser derzeitiges Politiksystem ist nur dort
schnell, wo es die Machthaber eilig haben. Die Einführung von direktdemokratischen Mitteln auf
Bundesebene wird in Deutschland seit Jahrzehnten
diskutiert, sie war nach der Wiedervereinigung sehr
präsent – geworden ist es bis heute nichts, und das
lag nicht an der langatmigen Beteiligung des Volkes,
sondern am Desinteresse der Politiker.

3. Ein Parlament mit ausgelosten Bürgern würde Deutschland international isolieren!

Dass heute alles global gedacht und abgestimmt
sein müsste, ist ein Totschlagargument. Die EU
zeigt, wie wenig es aber mit der Realität zu tun hat.
Einzelnen Zielen – oder eher: Glaubensbekennt-

nissen wie dem zum freien Waren- und Wirtschafts-
verkehr – werden unzählige Freiheiten geopfert. Weil
etwa einige wenige Wirtschaftsbranchen tatsächlich
ihr Personal auf dem internationalen Markt suchen,
müssen alle Schul- und Hochschulabschlüsse in
Europa „harmonisiert" werden. Dabei haben die
meisten Einwohner weiterhin nicht vor, das Land für
einen Job zu wechseln – viele bleiben sogar in ihrer
Stadt oder gar ihrem Dorf verhaftet, Globalisierung
hin oder her.

Vor allem aber darf das Argument der Globalisierung nicht zur Nivellierung von Ideen führen. Jede
Wirtschaftsgemeinschaft (wie die EU), jede Nation,
jedes Bundesland, ja jeder Kreis und jede Gemeinde
sollte ihre Geschicke so weit als möglich selbst bestimmen dürfen. Das ergäbe übrigens einen Wettbewerb, wie ihn die neoliberalen Gleichmacher doch
ihrer eigenen Theorie nach immer fordern: ein Land
kann auch mit seiner Politikform punkten. Eine neue
Form von Demokratie kann attraktiv sein, schafft zumindest Unterscheidbarkeit. Und wenn sich dann
das, was hier vorgeschlagen wird, nicht bewährt -
dann wird es eben geändert, dann werden neue
Ideen kommen. Die Geschichte zeigt, dass keine
Herrschaftsform für die Ewigkeit besteht, und so ist
auch der hiesige Vorschlag von Bürgerparlament,
direkt-gewählter Regierung und Volksentscheid nur
für den Moment gedacht, nicht fürs nächste Jahrtau-
send.

Gerade die aleatorische Demokratie bietet ja die
Voraussetzung, auf Veränderungen zu reagieren,
weil nicht erst Parteiprogramme umgeschrieben

werden müssen, und weil es erst recht keinen Zusammenbruch braucht, um etwas Neues zu versuchen.

4. Mit dem Bürgerparlament ist keine Kontinuität möglich, alles wird von der Tagesstimmung des Volkes abhängig gemacht!

Die Tagesstimmung von Parteien hat wohl bisher mehr Durcheinander gebracht als mutmaßliche Stimmungsschwankungen in der Bevölkerung. Die war zum Beispiel schon immer mehrheitlich gegen Atomkraftwerke, aus einem sehr einfachen und schlagenden Grund: sie hat Angst davor. Und hätten die Bürger Kosten und Nutzen, Erwartungen und Risiken der Kernenergie jemals systematisch, fair und sachlich diskutiert, wäre die Ablehnung noch deutlicher gewesen.

Die „Energiewende" in Deutschland kam dann, weil die Union nach der Reaktorkatastrophe von Fukushima den Machtverlust fürchtete. Mit Überzeugung, langfristiger Planung und Fachlichkeit hatte der Schwenk gerade nichts zu tun (weshalb es ja auch jetzt an allen Ecken und Enden hapert).

Da das Bürgerparlament immer zunächst ausführlich und unvoreingenommen beraten wird, bevor es eine Entscheidung fällt (genauer: fällen kann), ist damit deutlich mehr und nicht weniger Kontinuität in der Politik zu erwarten. Denn Politik hängt nicht mehr davon ab, welche Gruppe gerade aufgrund einer Koalition im Bund de facto das alleinige Sagen hat. Was für die Gemeinschaft zu regeln ist, wird nach ausführlicher Beratung und Beteiligung aller

Interessen- und Fachgruppen im Konsens geregelt. Ein Programm „Wählt uns und wir machen rückgängig, was die Vorgängerregierung beschlossen hat" kann es mit dem Bürgerparlament nicht mehr geben.

5. Gute Leute darf man nicht gehen lassen!

Das Wiederwahlverbot von Regierungspolitikern werden vor allem Politiker selbst mit diesem Argument angreifen: Gute Leute darf man nicht gehen lassen, wer erfolgreiche Politik macht, darf doch nicht kalt gestellt werden.

In der Bundespolitik gibt es eine Wiederwahlbeschränkung nur für das prestigeträchtige aber sonst recht bedeutungslose Amt des Bundespräsidenten: er darf maximal zwei aufeinanderfolgende Amtszeiten bestreiten, also maximal zehn Jahre (Art. 54 GG). Helmut Kohl war 16 Jahre lang Bundeskanzler, während der amerikanische Präsident nur zwei Amtszeiten von je vier Jahren machen darf.

Jeder Wiederwahlmöglichkeit wohnt jedoch die Gefahr inne, dass ein Amtsinhaber taktiert, um die erlaubte Wiederwahl zu gewinnen, um also länger „an seinem Sessel zu kleben". Stattdessen sollte er die Dinge zügig voran und zu Ende bringen. Deshalb braucht es für direkt-gewählte Regierungspolitiker eine ausreichend lange Amtszeit und evtl. die Möglichkeit, sie früher abzuberufen. (Ein solches Abwahlrecht wird von vielen als sehr wesentliches Demokratieelement gesehen, vgl. Nassehi 2013b)

Gerade Politiker sollten den alten Spruch beherzigen: „Man soll aufhören, wenn es am schönsten

ist" – nicht aus dem Amt vertrieben werden, wenn
gar nichts mehr geht.

Es bedarf auch einer mehr als großen Portion Ei-
telkeit zu glauben, auf lange Sicht wäre niemand in
diesem Land im Stande, einen politischen Job zu
machen – außer man selbst. Weil Herrschaftsme-
chanismen auch den Besten ohne Furcht und Tadel
auf Dauer versauen, lassen wir es gar nicht erst so
weit kommen. Das ist ja der Kerngedanke des Vorschlags: es gibt keine politischen Dauerkarrieren
mehr.

6. Man kann die Leitung großer Behörde doch nicht Laien überlassen!

Wenn heute ein Politiker das erste Mal Minister
wird, betritt er auch Neuland – denn er war vorher
nicht Minister und damit nicht Chef eines Ministeriums, einer Großbehörde. Besondere Fähigkeiten
sind derzeit gerade nicht gefragt. Gerade „Seiteneinsteiger", die Erfahrung in der Leitung von Wirt-
schaftsbetrieben haben, gibt es ja nur äußerst selten.
Stattdessen übernehmen Parteigänger die Leitung
der Behörde. Angela Merkel zum Beispiel wurde mit
36 Jahren Bundesministerin für Jugend und Frauen
– ohne irgendwelche Vorerfahrungen in der Leitung
einer Behörde, ja ohne politische Erfahrung überhaupt. Die politische Leitung eines Ministeriums
kommt ja nie aus diesem selbst, ist also fast immer
fachfremd.

Wenn bei der Direktwahl von Regierungspolitikern auch jeder eine Chance haben soll, so werden
die Wählerinnen und Wähler doch intuitiv berück-

sichtigen, wer dem Amt auch gewachsen sein kann. Es ist dann gerade ausgeschlossen, dass ein Nobody Chef wird – denn woher sollten die Wählerstimmen kommen? Wer ein Ministeramt bekleiden will, wird nicht nur einen Parteichef oder eine Bundeskanzlerin von sich überzeugen müssen, sondern sehr viele Wähler. Und von jedem Gesetzesvorhaben muss das Bürgerparlament überzeugt werden, das nicht mehr wie bisher ein „Regierungslager" brav alles abnickt. Was kann da schief gehen?

7. Minister, die vom Volk für ihre Arbeit belohnt werden, reden der Bevölkerung doch nach dem Maul, werden die Steuern abschaffen ...

Eine merkwürdige Angst. Wenn Politiker das tun, was die Wähler wollen, wird es gefährlich. Das ist ja auch das Hauptargument gegen Volksentscheide: alles würde populistisch, die Vernunft bliebe auf der Strecke.

Unter jeder Fehlentscheidung der Politik hat doch die Bevölkerung zu leiden. Das kleine Einmaleins – bezahle ich gar keine Steuern mehr, gibt es auch keine Polizei, keine Feuerwehr, keine Schule, keine Straße etc. – das bekommt auch der Nichtpolitiker noch hin. Sonst hätte sich ja auch im derzeitigen System längst die „Steuerabschaffungspartei" durchgesetzt. Hat sie aber nicht. Alle Kasper-Parteien bleiben bisher unter der Wahrnehmungsschwelle (von dem Unterfangen der Titanic-Satiriker abgesehen, die werden einfach von den Medien geliebt, bekommen aber natürlich trotzdem keine Wählerstimmen).

In ihrem eigenen Herrschaftsbereich entscheiden die meisten Menschen doch auch relativ rational und vorausschauend. Sie investieren in die Renovierung ihrer Wohnung (anstatt das Geld zu verfuttern), sie ziehen ihre Kinder groß (anstatt sich irgendwo im Dschungel „selbst zu verwirklichen"), sie kümmern sich um ihre Angehörige (statt zu sagen: du bist mir egal). Aber wenn die Menschen hier etwas anders haben wollen, dann soll es auch anders werden. Oder wir beerdigen die Idee von der Demokratie und bekennen uns klar zur Diktatur oder Autokratie – mit allem, was dazugehört.

Was kann dagegen sprechen, einem Politiker für gute Arbeit zu danken?

8. Wechselnde Parlamentarier – das hatten die Grünen auch mal probiert...

Und es haben sich wie üblich die Alphatiere durchgesetzt und das Rotationsprinzip ebenso wie Trennung von Amt und Mandat abgeschafft. Natürlich nicht, weil es schlecht gewesen wäre, sondern nur, weil es ihren Karrieregelüsten im Wege stand. Das ist also gerade kein Gegenargument, sondern eine Stütze. Außerdem fand der Versuch mit einer Begrenzung auf zwei Jahre Abgeordnetentätigkeit in einem falschen Wettbewerbssystem statt: wo es darum geht, Seilschaften zu bilden, informelle Netzwerke zu knüpfen und sich selbst als Person wichtig zu machen, ist eine Verkürzung der Mandatszeit gegenüber den Dauersitzern natürlich ein erheblicher Nachteil; die Vorteile hingegen, die „Neue" auch in einem Berufsparlament haben könnten, dürften

nach zwei Jahren schon reichlich verbraucht sein
(„die Hörner sind abgestoßen", wie das im Jargon
heißt).

Kapitel 14

CHANCEN EINER „DEMOKRATIE FÜR DEUTSCHLAND"

Ist es nicht das Erschreckendste an unserer angeblichen Demokratie, dass ein Vorschlag wie der hier gemachte von kaum jemanden für realisierbar gehalten werden wird? Wir sind zwar alle gut im Klagen – aber schlecht im Ändern. (Wahrscheinlich klagen wir deshalb am liebsten über das, was tatsächlich und garantiert nicht änderbar ist...)

Ich bin überzeugt, dass die meisten Leser aleatorische Demokratie spannend finden, – außer von Politikern habe ich jedenfalls noch nie Widerspruch gehört. Eine mehrheitliche Zustimmung wenigstens zu einem Testlauf ist gut denkbar. Eine großes Problem stellt allerdings die Kommunikation dar:

- Die Medien finden aleatorische Demokratie nicht gerade sexy. Da lauern keine Skandale, da kann man kein Netzwerk spannen und beruflich nutzen (vgl. Krüger 2013), da werden keine Informationen durchgestochen.

- Vorhandene „zivilgesellschaftliche Gruppen" werden sich kaum für aleatorische Demokratie und Regierungswahl einsetzen. Denn auch gute

Lobby verliert in diesem System an Macht. Zwar werden die Interessenvertreter sogar mehr als heute zu Wort kommen – aber öffentlich und nur zur Überzeugung der ausgelosten, unabhängigen Bürger. Langjährige Beziehungspflege zu Parteispitzen und Ausschussmitgliedern – passé. Gewiefter Strippenzieher im Hintergrund sein – wertlos.[90]

- Die politischen Parteien haben aus naheliegenden Gründen kein Interesse, Diskussionen über Alternativen zu sich anzufachen. Allenfalls einzelne Politiker, die entweder die Karriere schon hinter sich haben oder im eigenen Laden gerade keine Karriere machen, könnten die hier vorgestellten Ideen aufgreifen.

Es wird nur graswurzelmäßig gehen, von Mund zu Mund, von Klick zu Klick. Und mit der nötigen Prise Glück. Sicherlich ist die Zeit reif für eine grundlegend neue Politik – aber in diesem Wettbewerb um Reformen sind natürlich schon wieder viele Partikularinteressen im Spiel.

Realistisch wäre dann die Einberufung eines „Bürgerparlaments" als Testlauf mit reiner Beratungsfunktion. Wie entscheiden die Bürger über eine aktuelle Gesetzesvorlage? Was verändern ihre Fragen und Diskussionen? Hubertus Buchstein (2013a) schlägt die Einrichtung einer Loskammer vor, die in einigen wenigen Sachfragen entscheiden soll, bei denen die Politiker selbst zu stark befangen sind, nämlich bei ihrer Bezahlung und bei Veränderungen des Wahlrechts. Auch Buchstein glaubt zwar nicht an eine schnelle Realisierbarkeit und hält zunächst einen Mentalitätswechsel für nötig „um der Lotterie in modernen Demokratien tatsächlich mehr Raum geben zu wollen" (Buchstein 2013b), aber er hat seine speziellen Anwendungsszenarien aleatorischer Demokratie immerhin schon erfolgreich in die Debatte eingebracht.

Denkbar ist auch, dass die Reform hin zu Bürgerparlament und gewählter Regierung in einem kleinen Bundesland beginnt. Und sicherlich sollten sich Städte oder Gemeinden finden, die mit der Zufallsauswahl experimentieren, zumal es dort oft an Interessenten für die Parteipolitik fehlt.[91] Wahlsysteme werden bisher auch dort noch aufrecht erhalten, wo nur (noch) eine kleine Minderheit das Wahlrecht gebraucht: bei den Studierendenparlamenten etwa, bei den sogenannten Sozialwahlen, in Vereinen und Kirchengemeinden. Zumindest die ersten beiden Bereiche sind perfekt für aleatorische Demokratie geeignet: die Gruppe, um deren Organisation es geht und aus der gelost werden kann, ist groß genug für das „herrschaftsfreie Gespräch" der Ausgelosten, andererseits finden sich unter Wahl-Kandidaten besonders viele (Nachwuchs-)Funktionäre, die nicht zur Willensartikulation der Wahlberechtigten taugen.

Der von Buchstein für notwendig gehaltene „Mentalitätswechsel" muss sich wohl in erster Linie bei den Berufspolitikern vollziehen, die sich nach wie vor oft als eigene, obere Kaste gerieren, die auf Bürgervorschläge oder –kritik wahlweise beleidigt, arrogant oder ignorant reagieren darf. Hier tragen die Medien eine wesentliche Verantwortung, und ihnen käme auch eine wichtige Rolle beim Mentalitätswechsel zu. Politikjournalismus wird heute fast ausschließlich aus Sicht der Parteien und ihres Personals gemacht. Wenn die Wähler dafür gesorgt haben, dass Partei A die meisten Stimmen erhält, gilt das nicht als eine Bejahung des A-Programms, sondern als „erdrutschartiger Verlust" für Partei B, als ein „Debakel" für Partei C, als ein Scheitern des Spitzenpolitikers von Partei D. Ich habe die Hoffnung noch nicht aufgegeben, dass sich hier über professionelle Medienkritik etwas bewegen kann, im Wissenschaftsbereich versucht man sich gelegentlich daran.

Eine Baustelle sind auch die allgemeinbildenden Schulen. Die Lehrbücher zur Demokratie, die ich mir in letzter Zeit angesehen habe, sind Abschreckungswaffen. „Skizzieren Sie ein Instrumentarium, das der hegemoniale Staat zur Errichtung und Aufrechterhaltung seines Führungsanspruchs benötigt. Begründen Sie Ihre Auswahl." heißen da die Arbeitsaufträge an die Schüler, oder: „Informieren Sie sich im Internet über den Wahlkampf der Parteien. Begründen Sie Ihre Meinung zu Wahlkampfaktionen der Parteien."

Natürlich kann man ganz pragmatisch fragen: Wie sollten Berufspolitiker, die praktisch alle in Parteien groß geworden sind, jemals Gesetze machen, die Entscheidungskompetenzen an die Bürger zurückgeben? In absehbarer Zeit wird es nicht mal den Volksentscheid auf Bundesebene geben, weil die nur ihrem Gewissen verpflichteten Unions-Abgeordneten die nötige Zweidrittel-Mehrheit verhindern.

Andererseits: wer hätte der Union die „Energie-wende" zugetraut, vor Fukushima?

Es bekommen heute sicherlich mehr außerparla-mentarische Ideen Gehör als je zuvor – aber über die Unterhaltungsebene von Talkshows und Reportagen reicht es dennoch kaum hinaus. Dass politische Fragen mal ohne den Sermon von Berufspolitiker medial verhandelt werden ist weiterhin undenkbar. Deswegen ist auch nicht jeder kleine Schritt ein Schritt in die richtige Richtung. Würde man etwa die Amtszeit der Abgeordneten auf eine Wahlperiode beschränken, würde das noch lange nicht zu „mehr Volk" im Parlament führen. Vielmehr dürfte sich die Macht noch weiter in die Parteizentralen verlagern, die „ihre" Abgeordneten noch mehr als heute zu Stimmvieh degradieren würden. Auch die vielen, an sich ehrenwerten Initiativen für mehr Transparenz der Abgeordnetentätigkeit werden die Systemfehler nicht beheben.

Wenn man Politik nicht mehr (nur) von Berufs-politikern machen lassen will, muss man der „po-litischen Klasse" wohl mit aktivem Desinteresse begegnen. Nicht als Versuch der persönlichen Krän-kung, sondern aus reinen Relevanzerwägungen. Das Hofieren wird uns Bürgern weiterhin nichts bringen. Entzug von Aufmerksamkeit dürfte das einzige sein, was Politiker beeindruckt. Denn das kann man von „gefallenen" Politikern eindeutig lernen: sie, die nicht mehr gewählt wurden, die meist von ihrer ei-genen Partei aus den Machtpositionen vertrieben worden sind, spüren als deutlichsten Unterschied, dass sie plötzlich wieder „normaler Mensch" sind, –

interessant für andere nur, soweit sie eben wirklich interessant sind, und nicht, weil sie eine Machtposition inne haben.

Dem kann man auch bei Wahlen Ausdruck verleihen. Auch wenn viele schlaue Aufklärer sagen, die Wahlenthaltung bringe nichts und führe nicht einmal zu finanziellen Verlusten bei den Parteien: Wer sich seiner Stimme aktiv enthält, was in Deutschland nur in Form eines ungültigen Wahlzettels möglich ist, der zeigt, dass er nicht aus Bequemlichkeit keine der angebotenen Parteien und damit das bestehende System gewählt hat. Wer in der „Polyarchie", unserer real-existierenden Staatsform, Nein sagen will, muss seinen Stimmzettel durchstreichen, „NOTA" darauf schreiben (für : „None Of The Above", wie das offiziell in den USA heißt) oder sonstwie deutlich machen: Ich will es anders!

Mit einer leicht erhöhten Quote der „ungültigen" Stimmzettel wird sich die deutsche Politik sicherlich noch nicht ändern. Aber wenn ihr Anteil so wächst, dass ihn niemand mehr mit dem Argument „zu dumm zum Wählen" beiseite wischen kann, wird es immerhin eine Debatte geben, und auch die Medien werden zig Stories darin sehen.

„Demokratie für Deutschland" ist eine Idee, eine Option. Sie verlangt nichts Unmögliches.

ANMERKUNGEN

1 Anregende Lektüre dafür war für mich vor Jahren Jan Hendriks (1996): Gemeinde von morgen gestalten - Modelle und Methoden des Gemeindeaufbaus; Gütersloh: Gütersloher Verlagshaus - und darin ab Seite 56 das Prinzip „Leitung als Dienen".

2 http://de.wikipedia.org/wiki/Dieter_Zurwehme
   abgerufen am 3. Juli 2013

3 http://tinyurl.com/q8yqt9d (Sueddeutsche.de vom 3. Juli 2013)

4 Schon vor 13 Jahren gaben Ederer/Schuller (1999:33) die Gesamtschulden 3,3-mal so hoch an wie die offiziell (explizit) ausgewiesenen (insgesamt 10 Billionen Mark) und kamen in der Bilanz auf ein negatives Eigenkapital von 5,9 Billionen Mark.

5 So räumt es etwa Rechtsprofessor Daniel Zimmer (2013: 9ff) ein.

6 Selbst nach Beginn der Bundesrepublik stimmte in Befragungen gerade mal die Hälfte der parlamentarischen Demokratie zu, während zwischen 1945 und 1949 noch 50% den Nationalsozialismus für eine gute Sache hielten (nach Apel 1993: 30). In der Präambel des Grundgesetzes vom 23. Mai 1949 aber hieß es: „Im Bewusstsein seiner Verantwortung vor Gott und den Menschen, von dem Willen beseelt, seine nationale und staatliche Einheit zu wahren und als gleichberechtigtes Glied in einem vereinten Europa dem Frieden der Welt zu dienen, hat das Deutsche Volk in den Ländern Baden, Bayern, Bremen, Hamburg, Hessen, Niedersachsen, Nordrhein-Westfalen, Rheinland-Pfalz, Schleswig-Holstein, Württemberg-Baden und Württemberg-Hohenzollern, um dem staatlichen Leben für eine Übergangszeit eine neue Ordnung zu geben, kraft seiner verfassungsgebenden Gewalt dieses Grundgesetz der

Bundesrepublik Deutschland beschlossen." Die nach der Wiedervereinigung beschlossene Fassung spricht immer noch von einer Volksgesetzgebung: „Im Bewusstsein seiner Verantwortung vor Gott und den Menschen, von dem Willen beseelt, als gleichberechtigtes Glied in einem vereinten Europa dem Frieden der Welt zu dienen, hat sich das Deutsche Volk kraft seiner verfassungsgebenden Gewalt dieses Grundgesetz gegeben."

7 § 1 des Standortauswahlgesetz (StandAG), übrigens von allen Abgeordneten außer den Linken beschlossen; in den Erläuterungen heißt es dazu wie selbstverständlich: „Ziel ist es sicher zu stellen, dass das Endlager und die Isolation der radioaktiven Abfälle von der Biosphäre über einen sehr langen Zeitraum in einer Größenordnung von 1 Million Jahren weder durch gesellschaftliche Veränderungen, Änderungen der oberflächennahen Nutzung des Standortes noch durch Klimaveränderungen gefährdet werden."

Kapitel 5

8 „Demokratie kann nur funktionieren, wenn die Verblödung der Mehrheit ein bestimmtes Ausmaß nicht überschreitet, sonst kippt sie in die Herrschaft der Verblödeten." (Ortner, 2012)

9 Z.B. Arnim (2002), Crouch (2008), Ortner (2012), Peters (2011), Zimmer (2013), Nassehi (2013b).

10 Wie im AGB-Recht muss es auch hier logischerweise ein „Überrumpelungsverbot" geben (§ 305c BGB). Jeder einzelne Bürger muss das Recht haben, sich an einer Abstimmung oder Wahl nicht zu beteiligen (was vor allem bedeutet: sich nicht mit den vielen Themen zu beschäftigen, wie es für eine demokratische Mitsprache nötig wäre), anderen Dingen (wie der Pflege von Familienangehörigen, seinem Job, seinem Hobby) den Vorzug zu geben. Das geht um so besser, je weniger völlig Unerwartetes einen nach einer Wahl oder Abstimmung treffen kann.

11 Noch nicht in der Wikipedia zu finden: „Kommakratie"

12 Siehe z.B. Fraenkel, Ernst (1990): Deutschland und die westlichen Demokratien, Suhrkamp, 2011 neu erschienen bei Nomos.

13 Die Regierung bringt fast fünfmal so viele Gesetze ein wie die Fraktionen der Regierungsseite. Siehe Deutscher Bundestag – Referat Parlamentsdokumentation: Statistik der Gesetzgebung – Überblick 17. Wahlperiode, Stand: 1.7.2013

14 U.a. der Deutsche Richterbund fordert schon lange eine autonome Justizverwaltung, also eine klare Abtrennung der dritten Säule.

15 Siehe ausführlich dazu Buchstein 2013a: 385

16 Mit Rechtsverordnungen darf ein Fachminister Detailregelungen ohne Parlamentsbeschluss festsetzen, wenn er dazu im entsprechenden Gesetz ermächtigt wurde; bezieht sich die Rechtsverordnung auf ein Gesetz, das der Zustimmung des Bundesrates bedurfte, so muss auch bei einer Rechtsverordnung mit diesem das „Einvernehmen" hergestellt werden - während der Bundestag außen vor bleibt, weil er die Regelungskompetenz ja bewusst an die Exekutive abgetreten hat.

17 Formal müssen zwar alle Landtage einem solchen Staatsvertrag zustimmen, sie sind aber an der Beratung nicht beteiligt und könnten mit ihrer Ablehnung nur den gesamten Vertrag zu Fall bringen. Das trauen sich Landesparlamentarier nicht. Die jeweilige Regierungsmehrheit nickt ab, was ihre Minister oder Staatssekretäre ausgehandelt haben.

18 Aus §1: „(1) Die Parteien sind ein verfassungsrechtlich notwendiger Bestandteil der freiheitlichen demokratischen Grundordnung. Sie erfüllen mit ihrer freien, dauernden Mitwirkung an der politischen Willensbildung des Volkes eine ihnen nach dem Grundgesetz obliegende und von ihm verbürgte öffentliche Aufgabe.

(2) Die Parteien wirken an der Bildung des politischen Willens des Volkes auf allen Gebieten des öffentlichen Lebens mit, indem sie insbesondere auf die Gestaltung

der öffentlichen Meinung Einfluss nehmen, die politische Bildung anregen und vertiefen, die aktive Teilnahme der Bürger am politischen Leben fördern, zur Übernahme öffentlicher Verantwortung befähigte Bürger heranbilden, sich durch Aufstellung von Bewerbern an den Wahlen in Bund, Ländern und Gemeinden beteiligen, auf die politische Entwicklung in Parlament und Regierung Einfluss nehmen, die von ihnen erarbeiteten politischen Ziele in den Prozess der staatlichen Willensbildung einführen und für eine ständige lebendige Verbindung zwischen dem Volk und den Staatsorganen sorgen." Aber ein solches Gesetz wäre ja in einer Demokratie leichterhand zu ändern.

19 „Demokratie - Die Defizite der Parteienherrschaft", in: NovoArgumente 115, Frankfurt am Main (2013), aberufen unter http://www.novo-argumente.com/magazin.php/ novo_notizen/artikel/0001351

20 Die Kandidaten müssen schon gewählt werden, sogar geheim, aber nicht von allen Parteimitgliedern, sondern einer Delegiertenversammlung.

21 Lilo Friedrich zum Beispiel war sieben Jahre Bundestagsabgeordnete für die SPD, danach ging sie putzen, um sich und ihre Familie über Wasser zu halten, wie sie sagt. Siehe auch Kreiner (2006).

22 Zitiert nach DER SPIEGEL 17/1966 (Titelgeschichte)

23 75% der Wähler geben bei Erst- und Zweitstimme die selbe Partei an. Quelle: Karl-Rudolf Korte: Wahlen in Deutschland, Zeitbilder. Bundeszentrale für politische Bildung, Bonn 2009, zitiert nach http://www.bpb.de/politik/wahlen/bundestagswahlen/62551/kandidatenaufstellung (abgerufen am 21.07.2013)

24 Konkret: Wer den grünen Kandidaten im Bundestag haben möchte, würde als zweite Wahl vielleicht den SPD-Kandidaten bevorzugen, vor dem CDU-Kandidaten. Wählt er nun aber grün, schwächt er damit rot und erhöht die Chancen des schwarzen Kandidaten. „Sicherer" ist es daher gleich SPD zu wählen.

25 Angelika Beer z.B. war mal Parteivorsitzende der Grünen, durfte 2009 nicht mehr für das Europaparlament kandidieren und trat „unter Tränen", wie es die Presse notierte, aus der Partei aus - etwas anderes als Berufsabgeordnete zu sein konnte sie sich aber offenbar nicht vorstellen, inzwischen ist sie (daher) Landtagsabgeordnete der Piraten in Schleswig-Holstein.

26 Die Gesetzesänderung der Linken in NRW 2011, wonach Bürgermeister vom Volk abgewählt werden können, dürfte zu den wenigen Ausnahmen gehören, in diesem Fall der besonderen Duisburger Situation nach der Love-Parade geschuldet.

27 Um die ganze Schönheit dieses gebräuchlichen Begriffs für „Parteikarriere" zu erfassen, bitte in Erinnerung rufen: Ochse ist ein kastriertes männliches Rind.

28 Entsprechend verwundert war ich über einen kleinen Twitter-Talk zwischen zwei Politikern. Der SPD-ler Lars Klinbeil hatte geschrieben: „ich darf euch dran erinnern: ihr habt schwarz-gelb gewählt!" Dorothee Bär (CSU) antwortete: „Und Ihr werdet es bitte wieder tun!<3" (21.07.2013)

29 Für Details bitte in einer Internet-Suchmaschine die Stichwörter Zwischenrufer und Vorbote eingeben. Über unsere Ergebnisse haben die meisten aktuellen Medien damals berichtet.

30 http://afghanistan.derwesten-recherche.org/

31 Der Transparenz wegen sei darauf hingewiesen, dass Bülow und ich Studienkollegen waren, allerdings ohne nennenswert miteinander zu tun gehabt zu haben, jedenfalls nach meiner Erinnerung.

32 http://www.marco-buelow.de/uploads/media/Verhaltenskodex_fuer_Abgeordnete.pdf (Abgerufen am 25.07.2013)

33 Allgemeine Verwaltungsvorschrift zum Einsatz von außerhalb des öffentlichen Dienstes Beschäftigten (externen Personen) in der Bundesverwaltung, vom 17. Juli 2008.

34 Vgl. bspw. https://lobbypedia.de/wiki/
Finanzmarktstabilisierungsgesetz

35 http://www.transparency.de/FAQ-haeufige-
Fragen.1088.0.html abgerufen am 26.07.2013

36 Für die, die nicht sofort „ja klar" sagen: in beiden Fällen ist
Arbeit nötig. Nun kann man entweder selber arbeiten und
den Mammut jagen, man kann andere dazu verdonnern,
den Mammut zu jagen und einem dann (Teile davon)
abzuliefern, man kann Menschen völlig andere Dinge
tun lassen und über Steuern oder Tausch einen Teil ihrer
Arbeit abgreifen, um sich davon den von wem auch immer
erlegten Mammut oder eben die von wem auch immer
belegte Tiefkühlpizza leisten zu können.

37 Beim Verfahren „Planungszelle" oder „Citizens Jury", die
ich im nächsten Kapitel vorstelle, ist bisher m.W. nicht
geklärt, wer bei einem Planungsthema wie Stuttgart
21 eigentlich die Grundgesamtheit bilden soll, aus der
Beteiligte gelost werden. Analog bei Begrenzung der
Beteiligung auf Interessierte: welchen Gruppen werden in
welchem Umfang Plätze zur Verfügung gestellt, wer darf
mit welchem Stimmgewicht mitreden?

38 Abschätzung nach den unter www.buergerhaushalt.
org von der Bundeszentrale für politische Bildung (bpb)
angebotenen Daten, 3.04.2013.

39 Wobei es bei Wahlen, nochmal sei es erwähnt, eben nicht
die Möglichkeit gibt, „Nein" zu sagen. Siehe dazu Kapitel
14.

40 Zu denen ich wohl gehören würde - aber ich maße mir
nicht an, über eine Schweizer Debatte zu urteilen, die ich
zwangsläufig nur am Rande mitbekommen habe.

41 Fragt der Soldat - ich bin Kriegsdienstverweigerer - nicht
nur irgendwann mal behördlich formal-bräsig anerkannt,
sondern aus ganzem Herzen.

42 So lag die durchschnittliche Beteiligung an Volksabstimmungen in der Schweiz von 1971-2010 bei 42,5% (Merkel
2011)

43 http://www.direktedemokratie.com/2010/07/21/10-

argumente-fur-direkte-demokratie-und-verbindliche-volksentscheide/ (abgerufen am 3.04.2013)

44 Vgl. hierzu auch das Statement von MdB Norbert Geis zum Volksentscheid in Rieg (2004: 295f)

45 Mehr zum Thema unter http://www.timo-rieg.de/tag/beschneidung/

46 CDU/CSU: Gemeinsam erfolgreich für Deutschland - Regierungsprogramm 2013 - 2017, Seite 63

47 Bei Bündnis90/Die Grünen liegt der Frauenanteil im Parlament der 17. Wahlperiode bei 54,4%, bei der Linken bei 52,6%. Die SPD bringt es auf 38,4%, die FDP auf 24,7%.

48 Humor- und Politikpotential lassen sich bei Oliver Schmitt nachlesen. Aus seinem „Bundesprogramm": „Rente mit siebenundsechzig. Damit sind aber nicht Jahre, sondern Euro gemeint. Dann können sie mal mit siebenundsechzig Euro im Monat sehen, was Altersarmut wirklich bedeutet." (Schmitt 2013: 208)

49 Schon im vordemokratischen Athen setzte man auch auf die „sozialintegrative Kraft [der] Verfahrensneutralität" und den „Konfliktlösungsmechanismus" des Losens (Buchstein 2009: 29f).

50 Natürlich stand der Ostrakismos in der Gefahr, für die Verbannung eines politischen oder wirtschaftlichen Konkurrenten missbraucht zu werden.

51 In Deutschland hingegen werden Schöffen nicht, wie oft angenommen bzw. als Beispiel benannt, ausgelost. Zwar muss fast jeder das Amt annehmen, wenn er dazu bestimmt wird, aber aus einer entsprechenden Vorschlagsliste bestimmt ein spezielles Gremium die Schöffen per Wahl (§ 42 Gerichtsverfassungsgesetz).

52 Rau benannte auch das „systematische Manko" dieses Partizipationsverfahrens: „Hinter ihr [der Planungszelle] steht keine große organisierte Lobby. Sie steht gewissermaßen außerhalb des organisierten, politischen Prozesses." (Rau 2005)

53 International oft, von Ned Crosby immer mit Apostroph

geschrieben: Citizens' Jury.

54 „aleatorisch" kommt vom lateinischen „alea"= Würfel.

55 Am offensichtlichsten ist dies bei der Geschlechter-verteilung, die nach dem „Gesetz der großen Zahl" in einer ausgelosten Gruppe von Parlamentsgröße proportional zur Gesamtbevölkerung sein wird. Je spezieller die Anforderungen werden, um so unwahrscheinlicher wird natürlich ein exakter Proporz - oder er wird auch schlicht unmöglich. Wer also nur darauf schaut, ob auch Olympiasieger, ehemalige Bundespräsidenten oder Siamesische Zwillinge in der ausgelosten Gruppe vorkommen, wird wohl enttäuscht werden - allerdings zu Recht, weil sie korrekt mit deutlich weniger als einem Platz vertreten sein müssen bzw. dürfen. Allerdings unterstellt die Forderung nach einem exakten Proporz für jede denkbare Gruppe, dass alle Angehörigen einer (beliebig definierten) Gruppe gleich denken, fühlen, meinen - und sich darin zwingend von allen anderen Gruppen unterscheiden. Ich möchte aber z.B. weder der Gruppe der ehemaligen SPIEGEL-Leser noch der Gruppe der Frischkäseesser noch einer Gruppe der Kariesfreien angehören und dann von solcherart quotierten Leuten vertreten werden. (vgl. Rieg 2013a)

56 Die Begriffe „Planungszelle" und „Citizens' Jury" verwende ich im Folgenden nach Möglichkeit nicht mehr, in erster Linie, weil damit etablierte (bzw. sogar namensrechtlich geschützte) Verfahren zur Beratung von Politik und Verwaltung verbunden sind, die nicht für (alleinige) Entscheidungen vorgesehen waren. Ausdrücklich betone ich, dass ich keinen der derzeitigen Protagonisten aleatorischer-deliberativer Verfahren für meinen Vorschlag vereinnahmen möchte!

57 Peter Dienel hatte zunächst tatsächlich vorgesehen, Planungszellen drei Wochen lang beraten zu lassen. Dazu kam es jedoch nie - leider, muss man aus Forschungssicht sagen.

58 Der Verteidiger im Strafprozess soll gerade nicht wie

der Angeklagte sein - dann bräuchte es ihn ja nicht -, sondern er ist ein Fachberater, der für seinen Mandanten reden darf, damit es gerade nicht so klingt, als rede der Mandant selbst. Diese Anwaltsrolle ist das Problem vieler Lobbygruppen, die behaupten, ihre Interessen seien auch die der von ihnen (ungefragt) Vertretenen - wie ich das etwa seit langem an vielen Kinder- und Jugendverbänden kritisiere (vgl. Rieg 2007b und 1992).

59 Die Pressemitteilungen insbesondere der „Hinterbänkler" zeugen übrigens gerade nicht von einer professionellen Politikarbeit, sondern von einer bemüht professionellen Selbstdarstellung. Beispiele dazu auf meiner Website www.Timo-Rieg.de

60 „Wenn ich als Geschäftsführer einer privaten Firma Steuern hinterziehe, werde ich dafür angeklagt. Wenn ein Kanzler von verfassungswidrigen Vorgängen weiß und es hinnimmt, dann kann er allenfalls abgewählt, aber nicht persönlich dafür haftbar gemacht werden." Sagte Geschichtsprofessor Josef Foschepoth am 9. Juli 2013 in einem Interview mit Sueddeutsche.de

61 http://www.wikileaks.org/wiki/Toll_Collect_ Vertraege%2C_2002

62 „Über zwei Generationen hinweg, von 1949 bis 2009, umfasste die politische Elite 3346 Menschen, nämlich Bundestagsabgeordnete und/ oder Regierungsmitglieder in West-, ab 1990 in Gesamtdeutschland." (Weyh 2013) Weyh bezieht sich dabei auf Zahlen von Küpper, ich habe Zahlen der Bundestagsverwaltung und eine Wikipedia-Liste aller Bundesminister zitiert.

63 U.a. zitiert hier: http://www.zeit.de/2002/36/Die_ heimliche_Hausmacht/seite-3

64 Selbst ohne jede Altersbeschränkung wären unter 600 Abgeordneten unglaubliche 8 Millionäre vertreten! Siehe z.B. http://www.welt.de/finanzen/article117239605/In-Deutschland-leben-erstmals-eine-Million-Millionaere. html

65 Aus eigener Erfahrung mit Planungszellen kann ich

sagen, dass die Empfehlungen der ausgelosten Bürger am Ende niemals durch knappe Abstimmungen zustande kommen, sondern immer von einer breiten Mehrheit getragen werden, vieles von allen. Die Bürger haben die Tage zuvor heftig diskutiert, auch mal gestritten, aber am Ende können sie sich meist doch einigen, was für die Gesellschaft insgesamt jetzt das Beste ist.

66 So trat die CSU zur Landtagswahl 2008 mit Beckstein als Spitzenkandidaten an, der wieder Ministerpräsident werden sollte. Wegen des relativ schlechten Wahlergebnisses zog er sich jedoch zurück, so dass Horst Seehofer Ministerpräsident wurde. Auch auf beharrliches Nachfragen in der Talkshow Markus Lanz (ZDF) am 17. Juli 2013 wollte die amtierende Bundesverbraucherschutzministerin Ilse Aigner keinerlei Karriereabsichten für ihren Wechsel von der Bundes- in die bayerische Landespolitik angeben, sie blieb stereotyp bei der Aussage, sie wolle nur helfen ein gutes Wahlergebnis zu erzielen und alles andere „schaun wir mal". Eine andere bekannte personelle Überraschung war der Rückzug Oskar Lafontaines aus der SPD, als er im März 1999 seine Jobs Finanzminister und SPD-Vorsitzender hinschmiss und dann später bei der Linken wieder auftauchte.

67 Gegen ein solches „präsidentielles Regierungssystem" werden in der Literatur viele Argumente vorgetragen, die bei unserem Modell aber ins Leere laufen, weil nicht nur der „Präsident", sondern alle Regierungsmitglieder einzeln direkt vom Volk gewählt werden sollen und im Parlament keine Parteifunktionäre mehr sitzen.

68 Bei allen denkbaren, auch noch so rigiden gesetzlichen Vorschriften wird es nie eine Chancengleichheit aller Einwohner auf ein Regierungsamt geben - das kann auch gar nicht im Interesse der Gemeinschaft liegen. Vieles spricht aber dafür, dass die parteiinterne Ämtervergabe zu einer personellen Beschränkung auf die eher Mittelprächtigen führt.

69 http://www.mehr-demokratie.de/volksabstimmung.html

abgerufen am 9. Mai 2013

70 Was dazu noch in der Fachliteratur geschieht, sind der eigenen Profilierung geschuldete Glaubenskriege.

71 Ein solches Volksbegehren sollte für Verfassungsänderungen auch von der Regierung eingeleitet werden müssen - sprich: will die Regierung oder ein Ministerium etwas an der Verfassung ändern, braucht es die festgelegte Mindestzahl an Befürworterunterschriften.

72 Das generelle Alkoholverbot von 1919 etwa hieß: „After one year from the ratification of this article the manufacture, sale, or transportation of intoxicating liquors within, the importation thereof into, or the exportation thereof from the United States and all territory subject to the jurisdiction thereof for beverage purposes is hereby prohibited." In Deutschland würde dafür heute sicherlich ein mindestens zwanzigmal so langer Text entstehen - der es nicht besser machen würde. Die Amerikaner haben ihn bekanntlich wieder gestrichen, mit den simplen Worten: „The eighteenth article of amendment to the Constitution of the United States is hereby repealed." Danach änderten die Amerikaner 18 Jahre lang nichts an ihrer Verfassung, bis sie 1951 die Amtsdauer des Präsidenten auf zwei Wahlperioden beschränkten. So einfache aber grundlegende Entscheidungen kann man durchaus vom Volk direkt beschließen lassen (was die US-Amerikaner übrigens nicht tun).

73 So muss etwa sichergestellt werden, dass einem Volksvertreter jede benötigte Hilfe zuteil wird, die er braucht, um von Familie, Beruf und Hobby für die eine Woche Beratung spontan abkömmlich zu sein. Wer niedergelassener Arzt ist, braucht eine Vertretung in der Praxis, wer Landwirtschaft hat, braucht einen erfahrenen Landwirtschaftshelfer. Wo Kleinkinder zu betreuen sind, muss interne Familienhilfe durch Verwandtschaft gefördert werden (z.B. durch Übernahme aller entstehenden Kosten für Reise, Verdienstausfall etc.) oder es muss eine professionelle Kinderbetreuung für die eine

Beratungswoche in die Wohnung ziehen. Die Praxis wird zeigen, was alles getan werden muss, und die ausgelosten Bürger werden die dafür nötigen Mittel sicherlich zügig beschließen (ohne - dies sei erneut betont - selbst noch Nutznießer werden zu können).

74 Diskussionen sind in den Beratungsgruppen, also den Einheiten von 25 Bürgerparlamentariern, nicht vorgesehen, weil sonst doch wieder einzelne Wortführer Stimmung machen können. Jeder der fünf Arbeitskreise stellt seine Ergebnisse kurz vor (meist wird es die Zustimmung oder die Formulierung von Fragen, Änderungsvorschlägen und dergleichen zu einem Abschnitt in einem Gesetzentwurf sein). Verständnisfragen der anderen 20 Mitglieder der Beratungsgruppe sind gestattet, aber keine Kommentierungen. Danach wird abgestimmt.

75 Das Amt heißt derzeit „Direktor beim Deutschen Bundestag".

76 Und wenn es so wäre, würde dies auf grobe Verfahrensfehler hinweisen, denn dann wäre offenbar nicht repräsentativ für das Volk entschieden worden. In der weiteren Beratungsarbeit würde dann ein konsensfähiger Vorschlag entstehen.

77 Für die Größenordnung: für die unabhängige Begleitung der Parlamentarier wird der Dienstleister ungefähr 50 Mitarbeiter stellen müssen, die Vorbereitung einer Beratungswoche über ein neues Gesetz kann mehrere Monate in Anspruch nehme. Protokollführung und ähnliches können Mitarbeiter der Parlamentsverwaltung übernehmen, die ja damit später auch arbeiten müssen, um den Änderungs- und weiteren Beratungsbedarf zu koordinieren.

78 Entsprechend darf es für den Dienstleister auch kein „Erfolgshonorar" geben, das ihn verleiten könnte, ein Gesetz möglichst schnell beraten zu bekommen, wie er umgekehrt nicht davon profitieren darf, wenn die Beratungen länger dauern.

79 Wenn nur ein Amt zu besetzen ist, hat jeder Wähler

dafür normalerweise auch nur eine Stimme. Wird eine absolute Zustimmungsmehrheit gefordert, werden in weiteren Wahlgängen die Kandidaten mit den wenigstens Stimmen gestrichen oder gleich nur die beiden mit den meisten Stimmen in die Stichwahl geschickt (so bei den meisten Bürgermeisterwahlen). Dieses Verfahren kann den Wählerwillen aber deutlich verzerren. Beispiel: 30% wollen Kandidat A, 30% wollen Kandidat B und 20% Kandidat C, auf die Kandidaten D und E verteilen sich die übrigen 20% Wählerstimmen. In der Stichwahl treten nun A und B an. Können die Wähler hingegen direkt auch ihre zweit-, dritt, viert und fünft liebsten Politiker benennen, geben alle A-Wähler und auch B-Wähler als zweite Wahl „C" an, von den C-Wählern aber niemand A oder B. Dann ist C deutlich beliebter als A und B, selbst wenn alle D und E Wähler z.B. A als zweite Option wählten. (Rechnerisch: für jede Erststimme gibt es bei fünf Kandidaten 5 Punkte, für die zweite Stimme vier usw. C kommt dabei auf 340 Punkte, A nur auf 230. Die maximale Punktzahl wäre dabei 500, wenn alle Wähler mit ihrer ersten Präferenz den selben Kandidaten wählen.

80 Erfolg muss hier keineswegs die Durchsetzung der Verfassungsänderung bedeuten - Erfolg kann auch deren Ablehnung sein, je nach dem, was von den Bürgern schließlich für sinnvoll gehalten wird.

81 Ich betone dies, weil von Befürwortern der Direktdemokratie regelmäßig Quoren als Hindernis kritisiert werden. Mit dem Bürgerparlament haben wir ein Verfahren, das in den meisten Fällen einer Volksabstimmung deutlich überlegen ist, weil wesentlich differenzierter gearbeitet werden kann und das Ergebnis am Ende gleichwohl repräsentativ ist; damit sollten Volksabstimmungen zu einfachen Gesetzen meist gar nicht nötig sein, und sie dürfen im Anwendungsfall keinen Rückschritt darstellen.

82 Auch hier ist mit weniger Widerstand zu rechnen, als es augenblicklich der Fall wäre. Die Behördenmitarbeiter haben nach bestem Wissen und Gewissen ein Gesetz zu

entwerfen, das dem entspricht, was das Bürgerbegehren will. Unabhängig davon kann das Ministerium auch eine (negative) Einschätzung zum eigenen Entwurf abgeben. Beispiel: Das Bürgerbegehren möchte ein Gesetz haben, nachdem Hauseigentümer verpflichtet sind, eine Solaranlage auf dem Dach zu installieren. Das kann man nun für technischen Unsinn oder sonst was halten, das Ministerium würde sich bemühen, die dafür notwendigen Gesetzesänderungen und -ergänzungen zu erarbeiten und eine eigene Einschätzung zu dem Thema abgeben. Die ausführliche Beratungsarbeit erfolgt dann wie immer im Parlament, wo natürlich auch Vertreter des Volksbegehrens zu Wort kommen. Evtl. sollte der Entwicklungsprozess in der Ministerialbürokratie von einen Anwalt des Bürgerbegehrens begleitet werden.

83 Aus diesem Grund hat die Bundesregierung schon derzeit ein Vetorecht bei Gesetzen, die entgegen der Haushaltsplanung höhere Ausgaben oder geringere Einnahmen verursachen würden (Art. 113 GG).

84 Dieses hat nun - und das ist ja das feine an dem Verfahren - nicht die Möglichkeit, nochmal grundsätzlich zu debattieren, ob das Gesetz überhaupt sinnvoll sei. Das Parlament hat schlicht zu prüfen, ob die gesetzlichen Regelungen dem vom Volk bekundeten Willen entsprechen. Für dieses Verfahren verantwortlich ist nicht ein Ministerium, sondern die unabhängige Begleitung des Parlaments. Von ihr sind die richtigen Fragen zu formulieren, die benötigten Experten als Referenten zu benennen usw.

85 Diese hohe Zustimmungszahl ist trotz der Online-Petitionen nach FDP Angaben in der 17. Legislatur nur ein Mal erreicht worden, in den vier Jahren davor sechs Mal. Damit soll das Bürgerplenarverfahren „Ausnahmecharakter" haben. Quelle: FDP-Bundestagsfraktion Positionspapier „Bürgerbeteiligung ausweiten, Petitionsverfahren weiterentwickeln, Bürgerplenarverfahren einführen", Beschluss vom 12.

April 2011.

86 Zum Vergleich: das durchschnittliche Nettoeinkommen liegt 2013 in Deutschland bei 2706 Euro, das der Selbständigen bei 4065 Euro, das der Beamten bei 4138 Euro und das der Arbeiter bei 2801 Euro.

87 In Wirklichkeit ist der Betrag sogar noch höher, das Bundesfinanzministerium weist aktuell 330 Millionen Euro „Aufwendungen für Abgeordnete" aus. http://www.bundeshaushalt-info.de/startseite/#/2013/soll/ausgaben/gruppe/411.html

88 http://www.bundestag.de/bundestag/abgeordnete17/mdb_diaeten/1335b.html (15.07.2013)

89 Hierin enthalten ist allerdings auch die Wahlkampfkostenerstattung.

90 Meine eigenen Erfahrungen mit Citizens' Jurys stützen diese Einschätzung ebenso wie die Beobachtung, dass Planungszellen kaum mehrmals von einer staatlichen Institution beauftragt wurden - aber nicht aus Gründen der Unzufriedenheit, sondern weil die Politik das „Heft des Handelns" nicht aus der Hand geben mag (Vergne 2013)

91 Allerdings kommen wir auf kommunaler Ebene schnell zu der hier bewusst noch nicht diskutierten Frage, wie viel Betroffenheit die Ausgelosten haben dürfen/können/ müssen. Für ein Bürgerparlament im Bund besteht da keine Gefahr. Aber wenn eine Gemeinde oder Kleinstadt nur einige tausend Einwohner hat, ist diese „Grundgesamtheit" nicht mehr groß genug, um durch die Auslosung eine hierarchiefreie Gruppe zu bilden, weil sich einige bis viele kennen werden. Außerdem ist dafür noch die Grundfrage zu klären, wie eigennützig solche Entscheidungen sein dürfen und wie sehr sie überörtliche Interessen berücksichtigen müssen. Ein Dorf kann z.B. gegen den Bau von Windrädern sein, die aber gesamtgesellschaftlich gewollt sind. Das Modell „Bürgerparlament" lässt sich also nicht ohne weiteres bis auf Gemeindeebene unverändert nachbilden.

ZITIERTE LITERATUR

Abromeit, Heidrun (2008): Wozu braucht man Demokratie? Eröffnungsvortrag der Jahrestagung von Mehr Demokratie e.V. 2008. http://www.mehr-demokratie.de/fileadmin/pdf/2008-jahrestagung-vortrag-abromeit.pdf (abgerufen 13.07.2013)

Apel, Hans (1993): Die deformierte Demokratie - Parteienherrschaft in Deutschland; München: Knaur

Arnim, Hans Herbert von (2002): Vom schönen Schein der Demokratie - Politik ohne Verantwortung - am Volk vorbei; München: Droemer Knaur

Bundesrechnungshof (Hrsg.) (2011): Bemerkungen 2011 zur Haushalts- und Wirtschaftsführung des Bundes; Bonn (14. November 2011)

Bundeszentrale für politische Bildung (Hrsg.) (2004): Demokratie - Zeitschrift „Informationen zur politischen Bildung", Nr. 284

Bülow, Marco (2010): Wir Abnicker - Über Macht und Ohnmacht der Volksvertreter; Berlin: Econ

Buchstein, Hubertus (2009): Demokratie und Lotterie – Das Los als politisches Entscheidungsinstrument von der Antike bis zur EU; Frankfurt: Campus

Buchstein, Hubertus (2013a): Lostrommel und Wahlurne - Losverfahren in der parlamentarischen Demokratie; in: ZParl 2/2013 (44. Jg), S. 384-403

Buchstein, Hubertus (2013b): Ein Glücksrad für die Vereinigten Staaten von Europa; „Powision" Nr. 11, Online-Fassung vom 13.06.2013 http://www.uni-leipzig.de/~powision/wordpress/magazin/hubertus-buchstein/ (abgerufen am 13.07.2013)

Burnheim, John (1987): Über Demokratie - Alternativen zum Parlamentarismus; Berlin: Wagenbach

Burret, Heiko/ Lars Feld/ Ekkehard Köhler (2013): Sustainability of German Fiscal Policy and Public Debt -

Historical and Time Series Evidence for the Period 1850-2010, CESIFO Working Paper Nr. 4135

Bühlmann, Marc/ Wolfgang Merkel/ Lisa Müller/ Heiko Giebler/ Bernhard Wessels (2011): Democracy Barometer - Methodology; Aarau: Zentrum für Demokratie

Bühlmann, Marc/ Wolfgang Merkel/ Lisa Müller/ Heiko Giebler/ Bernhard Wessels/ Daniel Bochsler/ Miriam Hänni/ Karima Bousbah (2013): Democracy Barometer - Codebook for Blueprint Dataset. Version 3; Aarau: Zentrum für Demokratie

Crouch, Colin (2008): Postdemokratie; Frankfurt: Suhrkamp

Decker, Frank (2013): Direktwahl der Ministerpräsidenten - Begründung, Ausgestaltung und Umsetzbarkeit eines Wechsels der Regierungsform in den Ländern; in: ZParl 2/2013 (44. Jg), S. 296-314

Dienel, Peter (2002): Die Planungszelle - Der Bürger als Chance; Wiesbaden: VS Verlag (5. Aufl.)

Dienel, Peter (Hrsg.) (2005): Die Befreiung der Politik; Wiesbaden: VS Verlag

Dienel, Peter (2009): Demokratisch, praktisch, gut - Merkmale, Wirkungen und Perspektiven von Planungszellen und Bürgergutachten; Bonn: Dietz

Dienel, Hans-Liudger/ Raban Fuhrmann/ Hans Joachim Lietzmann/ Antoine Vergne/ Kerstin Franz (Hrsg.) (2013): Qualitätssicherung der Bürgerbeteiligung am Beispiel von Planungszellen/ Bürgergutachten; München (in Vorbereitung)

Ederer, Peer/ Philipp Schuller (1999): Geschäftsbericht Deutschland AG; Stuttgart: Schöffer-Poeschel Verlag

Embacher, Serge (2009): Demokratie! Nein danke? Demokratieverdruss in Deutschland; Bonn

Embacher, Serge (2012): Einstellungen zur Demokratie; in: Mörschel/ Krell: 71-92

Hardt, Michael/ Antonio Negri (2013): Demokratie - Wofür wir kämpfen; Frankfurt: Campus

Hesse, Stéphane (2011): Empört Euch! Berlin: Ullstein

Heinrich, Roberto/ Malte Lübker/ Heiko Biehl (2002):

Parteimitglieder im Vergleich: Partizipation und Repräsentation Kurzfassung des Abschlussberichts zum gleichnamigen DFG-Projekt. http://www2.politik.uni-halle.de/schuettemeyer/downloads/ppp-kurzfassung.pdf (abgerufen am 9. Mai 2013)

Kirchhof, Paul (2012): Deutschland im Schuldensog - Der Weg vom Bürgen zurück zum Bürger; München: C.H.Beck

Kreiner, Maria (2006): Amt auf Zeit. Eine Verbleibsstudie über ehemalige Bundestagsabgeordnete; Baden-Baden: Nomos

Krüger, Uwe (2013): Meinungsmacht - Der Einfluss von Eliten auf Leitmedien und Alpha-Journalisten - eine kritische Netzwerkanalyse; Köln: Halem

Küpper, Moritz (2013): Politik kann man lernen - Politische Seiteneinsteiger in Deutschland; Halle: Mitteldeutscher Verlag

Leyenaar, Monique (2008): Citizen Jury; in: Norbert Kersting (Hrsg): Politische Beteiligung – Einführung in dialogorientierte Instrumente politischer und gesellschaftlicher Partizipation; Wiesbaden, S. 209-221

LobbyControl (Hrsg.) (2013): Lobbyreport 2013 - Die Lobbyismus-Debatte 2009-2013: Eine Bilanz der schwarz-gelben Regierungszeit, Autoren: Christina Deckwirth und Timo Lange, Köln

Massing, Peter/ Gotthard Breit (Hrsg.) (2002): Demokratietheorie - Von der Antike bis zur Gegenwart - Texte und Interpretationen; Schwalbach: Wochenschau-Verlag, 2. Aufl.

Merkel, Wolfgang (2011): Volksabstimmungen: Illusion und Realität; in: APUZ 44-45/2011, zitiert nach http://www.bpb.de/apuz/59721/volksabstimmungen-illusion-und-realitaet?p=all

Merkel, Wolfgang/ Marc Bühlmann (2011): Die Vermessung freier Gesellschaften - Das Demokratiebarometer bietet ein differenziertes Bild; in: WZB-Mitteilungen Heft 131, März 2011: 34-37

Mörschel, Tobias/ Christian Krell (Hrsg.) (2012): Demokratie in Deutschland - Zustand, Herausforderungen, Perspektiven; Wiesbaden: Springer-VS

Nassehi, Armin (Hrsg.) (2013a): Richtig wählen. Kursbuch 174; Hamburg: Murmann

Nassehi, Armin (2013b): Abwählen! Warum in Demokratien die Opposition regiert, es aber in Europa nicht gelingt; in: ders. (2013a), S. 25-36

Ortner, Christian (2012): Prolokratie - Demokratisch in die Pleite; Wien: edition a

Peters, Werner (2011): Partei der Nichtwähler - Der schlafende Riese

Rau, Johannes (2005): Die Planungszelle steht vor einem Kommunikationsproblem. In: Dienel, S. 49-50

Rieg, Timo (1992): Artgerechte Jugendhaltung. Ideen zur selbständigen evangelischen Jugendarbeit in den Gemeinden; Bochum: biblioviel

Rieg, Timo (2004): Verbannung nach Helgoland - Reich & glücklich ohne Politiker - Ein Masterplan für alle Stammtische und Kegelclubs draußen im Land; Berliner Konsortium

Rieg, Timo (2007a): Jugend-Partizipation nach dem Verfahren Planungszelle; in: Deutsche Jugend, 55. Jg., S. 483-491

Rieg, Timo (2007b): Hauptamtliche in der evangelischen Jugendarbeit; in: Deutsches Pfarrerblatt 8/2007, Seiten 407-411

Rieg, Timo (2013 a): Youth Citizens Jury - Erfahrungen mit einem neuen Modell für Jugendpartizipation; in: Deutsche Jugend, 6/2013, 61. Jg, S.245-253

Rieg, Timo (2013b): Planungszellen mit Jugendlichen als Youth Citizens Jurys; in: Dienel et al.

Rütters, Peter (2013): Direktwahl des Bundespräsidenten - Sehnsucht nach präsidentieller Obrigkeit? In: ZParl 2/2013 (44. Jg), S. 264-275

Rüttgers, Jürgen (2012): Parteien - übermächtig und überfordert - Zwanzig Jahre nach der Parteienkritik Richard von Weizsäckers; Marburg: Tectum

Sarcinelli, Ulrich (2012): Medien und Demokratie; in: Mörschel/Krell: 271-318

Schmitt, Oliver Maria (2013): Mein Wahlkampf; Berlin: Rowohlt

Schubert, Klaus/ Martina Klein (2011): Das Politiklexikon. Begriffe - Fakten - Zusammenhänge; Bonn: Dietz (5., aktualisierte und erweiterte Aufl.)

Simmert, Christian (2002): Die Lobby regiert das Land; Berlin: Argon

Steingart, Gabor (2009): Die Machtfrage - Ansichten eines Nichtwählers; München: Piper

Struck, Peter (2011): So läuft das - Politik mit Ecken und Kanten; Berlin: List

Sturm, Hilmar (2005): Planungszellen-Teilnahme produziert Identität; in: Peter Dienel, S. 40-44

Thurich, Eckart (2011). Demokratie in Deutschland. Reihe „pocket politik", hrsg. von der Bundeszentrale für politische Bildung, 4. Auflage, Bonn

Töller, Annette Elisabeth (2008): Mythen und Methoden - Zur Messung der Europäisierung der Gesetzgebung des Deutschen Bundestages jenseits des 80-Prozent-Mytos, in: ZParl 1/2008: 3-17

Vergne, Antoine (2005): Neodemokratie - Wahl unserer Parlamentarier durch das Los? (21.11.2005, abgerufen am 5.7.2013); http://www.netzwerk-gemeinsinn.net/content/view/127/45/

Vergne, Antoine (2013): Das Modell Planungszelle / Citizens Juries - Diffusion einer politischen Innovation; in: Dienel et al.

Weil, Simone (2009): Anmerkung zur generellen Abschaffung der politischen Parteien (Essay von 1943, franz. Original 1957); Berlin: diaphanes

Weizsäcker, Richard von/ Gunter Hofmann/ Werner Perger (1992): Richard von Weizsäcker im Gespräch mit Gunter Hofmann und Werner A. Perger; Frankfurt: Eichborn

Weyh, Forian Felx (2007): Die letzte Wahl: Therapien für die leidende Demokratie

Weyh, Forian Felix (2013): Losen statt wählen - Warum wir unsere Parlamente auslosen sollten; in: Nassehi (2013a): 54 - 70

Wiesendahl, Elmar (2012): Partizipation und Engagementbereitschaft in Parteien; in: Mörschel/ Krell: 121-157

Zimmer, Daniel (2013): Weniger Politik - Plädoyer für eine freiheitsorientierte Konzeption von Staat und Recht; München: C.H.Beck